商用字彙

楷書

文史哲出版社
印行

國家圖書館出版品預行編目資料

商用字彙：楷書 / 劉元祥寫作 --三版 --
臺北市：文史哲出版社, 民 111.05 印刷
12＋308 頁; 15 公分
ISBN 978-986-314-599-8（25K 平裝）

1.CST:習字範本　2. CST:楷書

943.9　　111005816

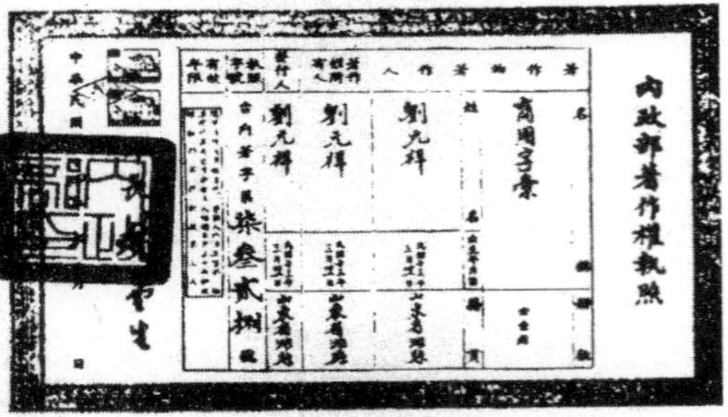

商用字彙：楷書（25 開本）

寫作人：劉　元　祥
出版者：文史哲出版社
http:// www.lapen.com.tw
e-mail:lapen@ms74.hinet.net
登記證字號：行政院新聞局版臺業字 5337 號
發行人：彭　正　雄
發行所：文史哲出版社
印刷者：文史哲出版社
臺北市羅斯福路一段七十二巷四號
郵政劃撥帳號：一六一八〇一七五
電話 886-2-2351-1028・傳真 886-2-2396-5656

定價新臺幣九〇〇元

二〇二二年（民一一一）五月三版

ISBN 978-986-314-599-8　　94212

檢字表

頁數

一畫

一 二三三　乙 二三四

二畫

人 三六　刁 五九　刀 六八　丁 八九　几 一一八　乃 一三四　了 一四五　九 一六一　二 一七六　叉 二一九　卜 二二六　七 二三三　八 二三九　力 二五二　十 二五五　入 二六一

三畫

弓 二　工 四　尸 一四　于 二三　叉 三十　才 三四　巾 三八　干 四七　丸 四八　千 五一　山 五一　川 五七　么 六一　大 七五　亡 八十　凡 一一三　己 一二〇　子 一二二　士 一二二　女 一二五　土 一二八　小 一四五　下 一五〇　也 一五〇　丈 一五四　上 一五五　久 一六一　口 一六三　刄 一九八　万 二〇一　寸 二〇二　兀 二三八　孑 二四三　夕 二五〇　三 二六一　乞 二六一　勺 二六一　亇 二八九

四畫

中 一　公 四　公 四　双 八　氏 九　支 九　之 一六　予 二一　毋 二三　夫 三五　仁 三六　屯 三九　文 四十　匀 四十　分 四一　斤 四二　元 四三　反 四四　丹 四六　天 五二　夊 六五　毛 六八　戈 七一　牙 七五　巴 七五　方 七八　王 八二　升 九七　仍 九七　尤 一〇〇　牛 一〇一　不 一〇二　仇 一〇二　勾 一〇五　心 一〇七　今 一〇八　孔 一一六　水 一一九　凶 一一九　止 一二〇　父 一二四　与 一二四　午 一三〇　五 一三〇　戶 一三一　引 一三六　允 一三七　尹 一三七　云 一三八　犬 一四三　少 一四五　爪 一四六　火 一四九　井 一五八　丑 一六〇　友 一六〇　手 一六一　斗 一六四　比 一七六　互 一八五　丐 一九二　太 一九二　介 一九三　內 一九六　幻 二〇六　片 二〇八　弔 二一〇　化 二一五　仆 二三二　欠 二三五　木 二三六　六 二三七　日 二三二　四 二三三　壬 二三四　勿 二三五　曰 二三六　月 二三六　切 二三九　尺 二四九　仄 二五四　廿 二五六　什 二五六　卅 二五八　及 二五八　丯 二八九　夊 二八九　卞 二八九

五畫

仝 一　功 四　多 五　皮 十　匆 十　台 一六　丕 一六　司 一七　仔 一八　奴 二七　申 三六　民 三八　刋 四八　仟 五一　田 五三　仙 五四　玄 五四　包 六六　禾 七二　瓜 七四　央 八二　平 八七　生 八八　兄 八八　令 九二　正 九二　汀 九五　且 九五　弘 九八　由 一〇一　丘 一〇二　矛 一〇三　囚 一〇三　甘 一一〇　冉 一一一　占 一一一　只 一一五　宄 一一九　矢 一一九　以 一二〇　市 一二〇　卡 一二一　史 一二一　仕 一二二　巨 一二五　去 一二六　主 一二八　古 一二九　本 一三九　巧 一四六　卯 一四六　左 一四八　疋 一五〇　瓦 一五一　伕 一五四　氷 一五四　永 一五六　丙 一五六　打 一五七　皿 一五七　右 一六〇　叩 一六三　母 一六四　他 一六七　犯 一六八　用 一七〇　四 一七六　出 一七七　示 一七七　未 一七九　付 一八一　句 一八二　布 一八六　世 一九一　外 一九三　扒 一九五　代 一九六　旦 二〇三　半 二〇五　甲 二〇九　叫 二一〇　号 二一一　乍 二一四　凸 三一九　戊 二三二　幼 二三三　目 二二九　玉 二二九　失 二三三　出 二三四　必 二三四　弗 二三五　乎 二三五　末 二三八　穴 二四〇　冊 二四三　白 二四六　石 二四九　北 二五五　汁 二五六　立 二五七　匝 二五八　凹 二六〇　叶 二六〇　乏 二六〇　尼 二六一　札 二六一　召 二六一　奶 二六二　可 二六二　孕 二六二　另 二六三　加 二六三　叭 二八九　奶 二八九　它 二八九

六畫

同 一　戎 二　汎 三　充 三　共 八　江 八　夷 一三　池 一三　危 一三　她 一四　而 一七　妃 一九　衣 二十　圳 二十　汚 二三　如 二三　朱 二四　列 二四　西 二九　回 三二　灰 三二　因 三五　臣 三六　份 三八　旬 三九　巡 四十　存 四五　汗 四六　安 四七　奸 五十　先 五一　年 五三　全 五六　交 六五　多 六九　匡 八二　光 八三　行 八五　名 九二　刑 九三　冰 九六　舟 一〇一　收 一〇一　休 一〇二　州 一〇二　牟 一〇三　任 一〇六　尖 一一二　帆 一一三　此 一一六　件 一一七　旨 一一七　弛 一一七　死 一一九　机 一一九

祀 一二一 耳 一二一 虫 一二三 羽 一二六 宇 一二七 迂 一二八 伍 一三〇 札 一三一 米 一三二 亥 一三四 在 一三五 汕 一四二 兆 一四五 老 一四六 早 一四七 好 一四七 朵 一四八 妃 一五二 仰 一五三 仿 一五四 朽 一六〇 有 一六〇 缶 一六一 守 一六一 臼 一六二 扣 一六三 后 一六四 仲 一六九 伎 一七一 企 一七二 至 一七三 次 一七六 自 一七七 地 一七七 字 一七八 吏 一七八 寺 一七八 井 一八〇 戌 一八二 吐 一八五 汗 一八六 曳 一九〇 艾 一九二

冲 一九七 再 一九七 印 一九九 亘 二〇五 匠 二一六 向 二一六 伏 二一七 竹 二一八 夙 二一九 曲 二二〇 旭 二二〇 吉 二二三 丢 二二五 伐 二二六 迄 二二六 舌 二二九 血 二四〇 丞 二四一 劣 二四二 宅 二四七 亦 二四九 汐 二五〇 式 二五三 色 二五四 合 二五七 划 二六一 攷 二六一 各 二六一 羊 二六一 朴 二六二 忙 二六二 托 二六二 吊 二六三 伙 二六三 时 二六三 庄 二六三 百 二六三 考 二六三 阡 二六三 肉 二六三 肌 二六三 伊 二六四 吃 二八九

亙 二八九 匈 二八九 圭 二八九 妄 二八九 兇 二九〇 冲 二九〇

七畫

沖 一 攻 四 邦 八 肛 九 技 九 岐 十 吹 一一 妓 一二 私 一四 利 一四 希 二十 余 二一 車 二一 巫 二三 孚 二五 扶 二五 吾 二七 臭 二七 低 二九 材 三四 災 三四 辛 三五 辰 三五 伸 三六 身 三六 均 四十 扮 四一 君 四二 言 四四 村 四五 吞 四六 但 四七 完 四八 肝 四八 刪 五十

杆 五一 佃 五三 延 五五 杓 六三 妖 六四 抄 六六 岑 六七 牢 六七 何 七十 那 七十 佗 七十 邪 七三 伽 七三 吾 七五 沙 七五 吧 七五 良 七六 些 七六 防 七八 芒 七九 床 八十 狂 八二 汪 八四 更 八五 抗 八六 亨 八七 兵 八八 迎 八八 宏 八九 呈 九一 成 九一 形 九三 迅 九四 伶 九四 廷 九四 町 九五 冷 九五 求 一〇三 投 一〇四 沈 一〇六 沉 一〇六 吟 一〇七 忱 一〇七

含 一〇八 男 一〇八 杉 一一二 佔 一一二 玖 一一三 作 一一五 刨 一一六 豕 一一七 妣 一一八 似 一二〇 址 一二〇 否 一二〇 李 一二一 里 一二一 尾 一二三 杞 一二三 呂 一二四 序 一二六 甫 一二七 迂 一二八 肚 一二九 杜 一二九 努 一三〇 孝 一三二 改 一三四 忍 一三五 你 一三七 吻 一三七 阪 一三八 阮 一三八 究 一三八 坍 一四〇 卵 一四〇 佑 一四〇 旱 一四〇 伴 一四一 兕 一四五 坐 一四八 妥 一四八 我 一四八 治 一五〇 把 一五一 伯 一五四

杖 一五五 杏 一五七 灶 一五八 每 一五九 肘 一六〇 妙 一六一 酉 一六二 走 一六三 吼 一六三 牡 一六四 弄 一六九 宋 一七〇 位 一七三 汽 一七五 志 一七七 庇 一八〇 助 一八一 住 一八二 妒 一八四 步 一八七 佈 一八七 系 一八八 弟 一八八 貝 一九二 兌 一九三 戒 一九四 快 一九五 迅 一九八 吝 一九八 困 二〇二 判 二〇五 串 二〇六 見 二〇七 甸 二〇七 肖 二一〇 尿 二一〇 告 二一一 佐 二一三 匣 二一四 壯 二一七 灸 二一九 秀 二三一 豆 二三二

沁 二三三 谷 二三五 角 二三六 沐 二三七 沃 二三九 足 二三〇 東 二三〇 局 二三〇 迄 二三六 佛 二三六 沒 二三七 決 二四〇 抗 二四一 別 二四二 折 二四二 呆 二四八 赤 二四九 役 二五〇 狄 二五一 估 二五二 抑 二五三 即 二五四 克 二五五 吸 二五七 邑 二五七 圾 二六二 灼 二六二 夾 二六三 佇 二六四 罕 二六四 汰 二六四 妊 二六四 忘 二六四 疔 二六四 忌 二六六 妨 二七〇 迄 二七二 皂 二七四 汞 二七六 吵 二九〇 找 二九〇 批 二九〇 坊 二九〇

囫 二九〇 吠 二九〇 佣 二九〇

八畫

東 一 忠 一 空 三 宗 五 松 六 供 八 枝 九 宜 十 披 一一 奇 一一 垂 一一 肢 一一 委 一一 卑 一二 兒 一二 知 一三 呢 一四 芝 一六 其 一七 治 一八 居 一八 初 二〇 肥 二十 非 二十 依 二一 於 二二 坩 二五 芙 二五 姑 二六 孤 二六 狐 二六 炉 二七 呼 二七 妻 二九 佳 三十 泥 三十 乖 三一 玫 三二

杯 三三　來 三四　岷 三八　侖 三九　帑 四十　氛 四一　芸 四一　欣 四二　芬 四二　宛 四四　坤 四五　門 四五　昆 四五　昏 四六　官 四九　弦 五二　肩 五二　迢 五九　肴 六四　招 六四　庖 六六　泡 六六　拋 六六　河 七一　阿 七一　坡 七二　和 七二　波 七二　花 七四　杷 七六　晝 七六　爬 七六　昌 七八　房 七八　長 七九　抱 八一　芳 八二　岡 八三　庚 八五　杭 八五　盲 八六　昴 八六　明 八七

京 八七　侲 八九　泓 九十　爭 九十　征 九一　弁 九二　靑 九二　法 九二　承 九六　昇 九七　朋 九八　肱 九九　油 一〇〇　抽 一〇一　周 一〇一　邱 一〇二　枕 一〇六　林 一〇六　金 一〇七　函 一〇九　沾 一一一　咖 一一一　炎 一一二　拈 一一三　岩 一一三　奉 一一四　抵 一一五　佰 一一六　彼 一一六　侈 一一七　兒 一一八　底 一一八　祀 一二〇　使 一二一　始 一二二　阻 一二五　拒 一二五　所 一二五　雨 一二六　斧 一二七　府 一二七　武 一二七　取 一二八

乳 一二八　股 一二九　虎 一三〇　邸 一三二　采 一三五　卷 一三九　矸 一四〇　版 一四二　板 一四三　典 一四三　果 一四八　拇 一四九　爸 一四九　社 一五一　舍 一五一　姐 一五一　享 一五三　兩 一五三　往 一五四　柱 一五五　罔 一五五　秉 一五六　返 一五七　幸 一五七　並 一五九　肯 一六〇　阜 一六一　帚 一六二　受 一六二　咎 一六二　狗 一六三　姍 一六三　況 一六五　糾 一六五　參 一六五　奄 一六七　忝 一六七　旺 一七二　泌 一七四　季 一七六　泗 一七六　怡 一七七　事 一七八

侍 一七九　妮 一七九　味 一八〇　注 一八二　附 一八二　抬 一八二　具 一八三　兎 一八四　固 一八五　怖 一八六　制 一九〇　例 一九一　泄 一九一　奈 一九二　怪 一九三　沛 一九三　屆 一九四　卦 一九四　妹 一九五　佩 一九五　岱 一九六　近 二〇一　念 二〇一　券 二〇一　坪 二〇三　岸 二〇三　怯 二〇五　到 二一一　押 二一三　夜 二一四　亞 二一四　怕 二一五　炙 二一五　尙 二一六　狀 二一六　命 二一七　孟 二一七　性 二一八　姓 二一八　泳 二一八　宙 二一九　定 二一九　咒 二二〇

念 二三四　店 二三四　竺 二三五　育 二三七　服 二三七　叔 二三八　牧 二三九　卓 二三一　岳 二三一　卒 二三五　屈 二三五　物 二三五　拔 二三六　歿 二三七　忽 二三八　刷 二三九　刮 二三九　効 二四一　拙 二四二　杰 二四一　帛 二四六　昔 二四八　易 二四九　析 二五〇　迪 二五一　的 二五一　直 二五二　刻 二五五　拉 二五八　泣 二五八　協 二六〇　狎 二六〇　妾 二六〇　帖 二六〇　刱 二六〇　垃 二六一　邵 二六二　拂 二六二　担 二六二　邮 二六二　刹 二六四　泛 二六四　或 二六四

抹 二六四　矽 二六五　芥 二六五　牀 二六五　枚 二六五　疝 二六五　枇 二六五　放 二六五　歧 二六五　拆 二六五　拍 二六五　拖 二六五　沼 二六六　沸 二六六　軋 二六六　迪 二六六　炒 二六六　沿 二六六　玩 二六六　疚 二六六　沽 二六六　苢 二六七　陀 二六七　芷 二六七　沫 二六七　臥 二七七　姆 二七八　刹 二八四　拓 二九〇　姊 二九〇　芽 二九〇　坦 二九一　拌 二九一　拘 二九一　泅 二九一　芹 二九一

九畫

洞 一　風 三　洪 四　紅 四　封 六

重 七　降 八　缸 八　爲 九　珊 一二　姿 一四　眉 一五　思 一七　持 一八　飛 一九　威 二十　俞 二四　胡 二六　枯 二八　查 三十　柴 三十　皆 三一　恢 三二　迴 三二　哀 三三　盃 三三　胎 三四　孩 三四　姻 三五　紉 三七　津 三七　珍 三七　春 三九　軍 四二　怨 四四　盆 四五　奔 四五　竿 四七　胆 四七　看 四八　冠 四九　姦 五十　前 五一　咽 五二　姸 五三　泉 五六　宣 五六　便 五六

穿 五七　迢 五九　挑 五九　垚 六一　枵 六二　要 六三　昭 六三　姚 六三　苗 六四　郊 六五　姣 六五　胞 六六　咬 六六　茅 六六　柯 六九　俄 七〇　科 七二　玻 七二　迦 七三　耶 七三　茄 七三　砂 七五　奎 七六　香 七七　洋 七七　姜 七九　相 八十　殃 八二　皇 八四　英 八七　牲 八八　盈 九十　貞 九一　型 九三　玲 九四　夸 九四　亭 九四　星 九四　局 九五　訂 九五　矜 九七　恒 九九　秋 一〇〇

柔一〇一　洲一〇一　咎一〇一　侯一〇四　侵一〇五　幽一〇五　枸一〇五　南一〇八　音一〇八　咸一一二　衫一一三　拱一一四　勇一一四　爰一一四　咫一一五　是一一五　美一一八　指一一八　軌一一九　紀一二〇　恃一二〇　癸一二〇　俟一二二　苧一二四　侶一二四　胥一二五　禹一二六　柱一二七　苦一三〇　祜一三〇　洒一三二　怠一三四　待一三四　矧一三五　盾一三七　苑一三九　很一四〇　柬一四二　限一四二　衍一四三　扁一四三　勉一四五　狡一四六

表一四六　保一四七　柟一四九　者一四九　挂一五一　昶一五四　省一五六　炳一五六　映一五六　洗一五九　柳一六〇　拯一六〇　負一六一　韭一六一　首一六一　苟一六四　柑一六四　某一六四　厚一六四　炮一六四　品一六五　派一六五　染一六七　范一六八　俘一六九　巷一七一　施一七二　剌一七二　帥一七四　胃一七九　畏一七九　赴一八三　故一八五　度一八五　怒一八六　帝一八七　剃一八七　恤一八七　係一八八　計一八八　契一八九　洩一九一　冽一九二

拜一九四　界一九四　背一九五　信一九八　胏一九八　俊二〇〇　建二〇一　恨二〇二　炭二〇三　按二〇三　象二〇四　段二〇四　叛二〇五　宦二〇六　奐二〇七　彥二〇八　面二〇九　冒二一二　架二一三　洽二一三　俠二一四　亮二一六　勁二一八　政二一八　柄二一八　後二二一　柚二二一　奏二二二　茂二二二　甚二二三　陋二二三　屋二二五　郁二二八　卸二一四　毒二二九　俗二三一　促二三一　姪二三二　柒二三三　室二三三　述二三四　律二三四　突二三七

勃二三七　活二三八　頁二四一　約二四三　削二四三　若二四三　姙二四四　洛二四五　柏二四六　昨二四六　客二四七　珀二四七　迫二四六　革二四八　弈二四九　疫二五〇　食二五三　則二五四　拾二五六　急二五七　柿二六五　姝二六六　怎二六六　垢二六六　韋二六七　砌二六七　胚二六七　虐二六七　咳二六七　厘二六七　哈二六七　疤二六八　枱二六八　殆二六八　柩二六八　胖二六八　疥二六八　炸二六八　秒二九一　耐二九一　咪二九一　奕二九一　娃二九一

挖二九一　苔二九一　侮二九二　俏二九二　俐二九二　括二九二　拭二九二　皈二九二　剋二九二　虹二九二　迭二九二　陌二九二

十畫

凍一　桐一　宮二　躬二　疼五　翁五　烘五　通五　胸六　容六　逢七　峰七　峯七　茸八　恭八　師一三　衰一三　脂一三　追一五　時一六　效一九　疽二一　書二一　徐二二　娛二三　除二三　珠二四　殊二四

株二四　俱二六　租二七　烏二八　差三一　埋三二　眞三四　紙二九　迷三〇　栽三四　財三四　埃三五　茵三五　納三五　唇三五　神三六　娠三六　秦三七　純三八　倫三九　紋四十　蚊四十　員四一　紛四二　殷四二　衷四三　原四三　軒四四　孫四五　根四六　恩四六　桓四八　般四九　班五十　烟五二　胭五二　眠五三　眩五四　扇五五　娟五七　捐五七　拳五八　栓五八

虔五八　凋五九　料六十　釗六十　宵六一　消六一　晁六二　羔六七　高六七　桃六八　哥六九　挪七十　娥七十　娑七一　家七四　茶七五　參七六　紗七六　倡七八　娘八十　郎八一　秧八二　剛八三　桑八三　狼八三　倉八三　唐八三　珮八三　胱八四　荒八四　旁八六　荊八七　耕八九　城九一　冥九三　庭九三　乘九六　陞九六　凌九六　烝九六　留九九　流九九　能九九

修一〇一　浮一〇三　針一〇六　衾一〇七　峽一一三　兼一一三　恐一一四　倚一一五　砥一一六　俾一一七　捍一一八　恥一二一　起一二二　鬼一二三　匪一二三　豈一二三　旅一二四　矩一二八　祐一三〇　圃一三一　浦一三一　陞一三二　海一三四　宰一三四　疹一三五　倍一三五　們一三六　粉一三七　剖一三七　笋一三七　准一三七　挽一三八　娩一三八　浣一四一　峪一四三　展一四四　浩一四六　倒一四七　草一四七　討一四七　娜一四八　倭一四九　馬一四九

夏 一五一　島 一五三　倣 一五五　紡 一五五　耿 一五七　郢 一五八　挺 一五九　茗 一五九　紐 一六〇　酒 一六二　叟 一六三　侮 一六三　畝 一六四　陜 一六七　閃 一六七　捌 一六九　貢 一六九　臬 一六九　逡 一六九　俸 一七〇　症 一七〇　荔 一七一　翅 一七二　倪 一七二　秘 一七三　祕 一七三　致 一七五　值 一七八　記 一七九　氣 一八〇　恕 一八一　悞 一八五　厝 一八六　悟 一八六　素 一八六　哺 一八七　庫 一八七　捕 一八七　悌 一八八　桂 一八九　脆 一九〇　害 一九二　泰 一九二

配 一九六　狹 一九七　徒 一九八　訊 一九八　振 一九八　晉 一九九　陣 一九九　訓 二〇〇　晏 二〇三　案 二〇三　倩 二〇六　奚 二〇六　茜 二〇六　宴 二〇七　脅 二〇七　院 二〇八　荐 二〇八　框 二〇九　套 二一〇　笑 二一〇　庖 二一一　個 二一二　射 二一四　峽 二一五　借 二一五　恙 二一六　病 二一七　浪 二一七　徑 二一八　秤 二一九　祐 二二〇　畜 二二〇　臭 二二〇　候 二二一　鬥 二二二　浸 二二三　峨 二二四　哭 二二五　站 二二五　祝 二二八　浴 二三〇　辱 二三〇　朔 二三一

捉 二三一　剝 二三二　秩 二三二　桌 二三二　疾 二三三　訖 二三六　骨 二三七　缺 二四〇　烈 二四一　哲 二四一　浙 二四二　弱 二四三　酌 二四三　託 二四四　索 二四五　格 二四五　挾 二四六　脈 二四七　迹 二四八　脊 二四八　涘 二四八　隻 二四八　席 二四九　陟 二五〇　息 二五二　特 二五三　級 二五五　笈 二五七　盍 二五七　衲 二五八　涉 二五八　恥 二五九　祖 二六〇　疲 二六七　核 二六八　浚 二六八　畔 二六八　倦 二六八　疴 二六九　疽 二六九　痙 二六九　俯 二六九　哮 二六九

校 二六九　哩 二六九　峻 二六九　殉 二六九　挫 二六九　效 二六九　砲 二七〇　益 二七〇　痂 二七〇　耘 二七〇　紝 二七〇　破 二七〇　耗 二七〇　耽 二七〇　秣 二七〇　赶 二七〇　衷 二七〇　釘 二七一　郡 二七一　郝 二七一　晃 二九二　航 二九三　拿 二九三　併 二九三　埔 二九三　晒 二九三　氧 二九三　烤 二九三　祠 二九三　窄 二九三　胰 二九三　退 二九三　倆 二九三　倪 二九四　屑 二九四　桔 二九四　豹 二九四　逆 二九四

十一畫

終 二　崇 二　梵 三

通 五　庸 六　逢 七　從 七　蛇 九　移 九　涯 十　崖 十　焊 一二　規 一三　寅 一三　莉 一四　飢 一四　瓷 一四　唯 一五　龜 一五　梨 一五　推 一六　帷 一六　基 一八　魚 二十　區 二四　符 二五　途 二七　鹵 二八　梯 二九　釵 三十　淮 三一　排 三一　梅 三二　抹 三三　培 三三　崔 三三　堆 三三　猜 三四　晨 三五　淪 三七　陳 三七　淳 三八　貧 三八　彬 三八　屠 三九　袞 四三

寃 四四　陷 四四　婚 四六　痕 四六　乾 四七　曼 四九　朗 四九　淇 五一　紘 五二　堅 五二　牽 五三　淵 五四　連 五六　偏 五六　淞 五六　船 五七　旋 五七　專 五八　痊 五八　條 五九　彫 五九　聊 六十　鳥 六十　逍 六一　陶 六三　敘 六五　淆 六五　巢 六六　毫 六七　袍 六八　掏 六八　曹 六九　荷 七十　梭 七一　婆 七一　莎 七一　斜 七三　厤 七三　莫 七四　祥 七七　涼 七七　梁 七七　痒 七七

章 七八　商 七八　將 七九　張 七九　莊 八十　常 八十　堂 八一　強 八二　康 八四　崗 八四　凰 八五　烹 八七　笙 八八　崢 八九　莖 八九　情 九十　清 九十　旌 九十　盛 九一　偵 九一　屏 九二　停 九三　陵 九五　崩 九八　郵 九九　悠 一〇〇　羞 一〇一　脩 一〇一　眸 一〇三　兜 一〇四　梧 一〇四　偸 一〇四　球 一〇四　彪 一〇五　婁 一〇五　淫 一〇六　淋 一〇六　參 一〇七　深 一〇七　庵 一〇八　陰 一〇八　淦 一〇九　婪 一〇九

探 一〇九　貪 一〇九　涵 一〇九　淡 一一〇　淹 一一一　添 一一二　甜 一一二　粘 一一二　捧 一一四　滄 一一五　紫 一一七　硃 一一五　捶 一一七　婢 一一七　徙 一一七　匾 一一九　梓 一二一　痔 一二二　理 一二二　偉 一二三　竟 一二三　許 一二五　處 一二五　做 一二六　敍 一二六　莒 一二六　脯 一二七　組 一三〇　粗 一三〇　部 一三〇　啓 一三二　彩 一三五　斂 一三六　採 一三六　晚 一三八　偃 一三八　圈 一三九　混 一三九　婉 一三九　產 一四二　匾 一四三　眼 一四三　捲 一四四

軟 一四四
剪 一四四
淺 一四四
晃 一四五
皎 一四五
鳥 一四五
紹 一四六
掃 一四七
啞 一五〇
假 一五〇
野 一五〇
捨 一五一
掩 一五二
爽 一五三
梗 一五六
猛 一五七
逞 一五八
頃 一五八
頂 一五九
烱 一五九
偶 一六三
旣 一六四
婦 一六四
釦 一六五
蛋 一六六
斬 一六八
控 一六九
累 一七一
寄 一七一
跂 一七一
被 一七一
淚 一七三
倚 一七三
率 一七四
彗 一七四
異 一七九
庶 一八一
望 一八二
務 一八三
娶 一八四
措 一八七
第 一八八
祭 一八九
閉 一八九
逝 一九〇
帶 一九二
掛 一九三
械 一九四
莓 一九五
敗 一九五
捷 一九六
袋 一九七
問 二〇〇
副 二〇一
販 二〇一
健 二〇二
貫 二〇四
患 二〇五
涮 二〇六
眷 二〇九
釣 二一〇
造 二一二
貨 二一三
蚵 二一三
赦 二一五
帳 二一六
唱 二一七
淨 二一八
救 二一九
畫 二二〇
袖 二二〇
授 二二一
售 二二一
透 二二二
寇 二二二
勘 二二三
陷 二二四
速 二二五
啄 二二五
族 二二六
鹿 二二六
逐 二二七
陸 二二七
掬 二二八
淑 二二八
宿 二二九
欲 二三〇
悉 二三二
術 二三四
密 二三四
畢 二三四
尉 二三五
掘 二三六
殺 二三九
脫 二三九
雪 二四二
設 二四三
腳 二四三
略 二四三
雀 二四四
涸 二四五
郭 二四六
責 二四七
麥 二四七
液 二四九
笛 二五一
荻 二五一
戚 二五二
覓 二五二
匿 二五三
勒 二五四
側 二五四
得 二五四
域 二五四
國 二五五
習 二五六
執 二五六
盒 二五七
笠 二五七
接 二五九
票 二六八
細 二七一
紮 二七一
紳 二七一
崙 二七一
崑 二七一
夠 二七一
崎 二七一
偕 二七一
動 二七一
訣 二七一
莆 二七一
舵 二七一
蛀 二七一
訪 二七一
淝 二七一
羚 二七一
翎 二七一
琉 二七一
惜 二七二
梳 二七二
啡 二七三
釧 二七三
酗 二七三
陪 二七三
船 二七三
訟 二七三
豚 二七三
現 二九四
啤 二九四
埠 二九四
娼 二九四
悠 二九四
惟 二九四
斌 二九四
款 二九五
氫 二九五
研 二九五
粒 二九五
孳 二九五
這 二九五
睡 二九五
掉 二九五
掠 二九五

十二畫

童 一
衆 二
絨 二
羢 二
雄 二
馮 三
隆 三
窗 八
腔 九
提 十
爲 十一
斯 一二
脾 一二
堤 一二
犂 一五
嵋 一六
悲 一六
期 一七
棋 一七
絲 一七
詞 一八
欺 一八
非 一九
揮 一九
圍 一九
幾 二十
舒 二一
稀 二一
虛 二二
疏 二二
豬 二二
無 二二
屠 二三
須 二四
辜 二六
湖 二六
壺 二六
菩 二六
都 二八
惡 二八
酥 二八
犀 二九
隄 二九
啼 二九
街 三十
牌 三〇
階 三一
裁 三三
開 三三
棻 三四
敍 三九
竣 三九
雲 四十
循 四十
焚 四一
賁 四一
筋 四二
勛 四二
粧 四三
番 四三
援 四三
敦 四五
奢 四五
單 四六
寒 四六
殘 四七
疲 四八
腋 五一
閑 五一
間 五一
然 五五
棉 五六
貂 五九
硝 六一
超 六一
朝 六一
堯 六一
椒 六二
焦 六二
描 六四
畬 六五
蛟 六五
殼 六五
鈔 六六
皐 六七
勞 六七
葡 六九
華 七四
陽 七六
揚 七六
琵 七六
量 七七
翔 七七
湯 七八
創 七九
湘 七九
場 七九
棠 八一
黃 八三
惶 八四
爽 八四
傍 八五
彭 八六
晴 八六
評 八七
卿 八八
晶 九十
棚 九十
萍 九五
勝 九七
琪 九八
曾 九八
登 九八
游 一〇〇
猶 一〇〇
鈞 一〇四
尋 一〇五
喉 一〇五
猴 一〇五
琴 一〇六
欽 一〇七
覃 一〇八
森 一〇八
菴 一〇八
堪 一〇九
嵐 一〇九
酣 一一〇
港 一一四
棒 一一四
椅 一一五
項 一一五
痞 一一八
詐 一一八
揆 一一九
喜 一二〇
棲 一二三
渠 一二三
斐 一二三
黍 一二四
貯 一二五
腑 一二七
寓 一二七
虜 一二九
堵 一二九
普 一三一
琥 一三一
扉 一三一
買 一三二
棨 一三二
凱 一三四
傀 一三四
軫 一三五
腎 一三五
菇 一三五
等 一三五
菌 一三六
窘 一三六
診 一三六
筍 一三七
渾 一三九
菀 一三九
散 一四〇
傘 一四〇
款 一四一
孱 一四二
棧 一四二
皖 一四二
喘 一四四
善 一四四
淼 一四六
棗 一四七
惱 一四七
菓 一四八
斑 一五〇
雅 一五〇
廈 一五一
象 一五二
敞 一五三

替一八八　棣一八八　訴一八六　渝一八六　渡一八四　開一八三　傳一八三　註一八三　廣一八二　弼一八二　遇一八二　架一八一　御一八一　渭一八〇　廁一七九　貴一七九　植一七八　桼一七七　痣一七七　貳一七六　痢一七五　覘一七五　棄一七五　寐一七五　費一七四　備一七四　智一七二　衖一七一　棹一七〇　痛一七〇　棟一七〇　統一七〇　筒一六九　湛一六八　減一六八　貶一六七　敢一六六　掄一六六　着一六一　証一六〇　煉一五九　景一五六　掌一五三

粵一三六　越一三六　厥一三五　筆一三四　壹一三三　逸一三三　粟一三一　琢一三一　粥一二八　復一二七　菊一二七　貿一二二　貼一二一　就一二一　富一二〇　鈞一一八　硬一一八　插一一三　賀一一三　帽一一二　報一一二　盜一一一　嫂一〇八　飧一〇七　硯一〇七　雁一〇五　喚一〇五　換一〇四　散一〇三　嵌一〇二　巽一〇二　閔一〇二　舜一〇〇　順一〇〇　閏一〇〇　距九九　貸九七　堡九七　除九五　畫九四　掣九一　稅九〇　惠八九

焙二七五　菁二七五　揀二七四　最二七四　測二七四　廂二七四　媚二七四　喝二七四　剩二七四　進二九九　敝二七四　割二七四　琳二七三　甯二七三　琵二七三　棺二七三　琦二七三　答二五八　給二五七　集二五六　揖二五六　黑二五五　毯二五三　殖二五三　喫二五二　腋二四九　腊二四八　鈕二四七　策二四七　戟二四六　鄂二四五　博二四五　短二四四　絡二四四　絕二四二　揭二四二　裂二四一　渴二四一　傑二四一　結二四〇　耋二四〇　跌二四〇　發二三七

慟七　頌六　蜂五　農五　楓三　嵩二

十三畫

惰二九八　徧二九八　喇二九八　喊二九八　像二九七　罩二九七　隅二九七　鈣二九七　鈍二九七　遇二九七　蛔二九七　蛙二九七　程二九七　萎二九七　硫二九七　痙二九七　釉二九六　猴二九六　渣二九六　氮二九六　氯二九六　握二九六　强二九六　媒二九六　奢二九六　菱二九六　琛二九六　猶二九六　殼二九五　棵二九五　棘二九五　菸二七五　酢二七五　祗二七五　痘二七五

椽五八　鉛五七　煎五五　筵五五　零五三　塡五三　滇五三　煙五二　溫四五　園四三　源四三　煩四三　動四二　頒四一　羣四一　馴四十　椿三八　詢三八　新三五　雷三二　煤三二　滙三一　溪三十　携三十　塗二七　誅二四　滅二三　愚二三　虞二三　滋一九　暉一九　徵一九　違一九　詩一七　葵一五　綏一五　獅一四　綉一三　資一二　碑一一　痿一一　雍七　傭七

歃一〇〇　遊一〇〇　稜九八　蒲九六　瓶九五　腥九四　塋九四　鈴九三　傾九二　經九二　禎九一　誠九一　楹九十　盟八七　粳八六　追八五　廊八三　當八三　搶八二　裝八一　塘八一　嗇八十　腸七九　傷七八　楊七七　粮七七　鄉七七　詳七六　瑕七五　衙七五　嗟七四　誇七四　椰七三　窠七二　過七一　滔六七　勦六六　腰六四　搖六三　絹六一　跳五九　圓五八　傳五八

痱一三四　載一三四　矮一三三　賄一三三　楷一三三　匯一三三　罪一三三　解一三二　豐一三一　塢一三〇　買一二九　鈷一二九　鼓一二九　愈一二八　媽一二八　募一二五　楚一二五　煮一二四　鼠一二四　暑一二四　葦一二三　裏一二二　雉一一九　廆一一八　煨一一六　詭一一六　蛾一一六　董一一四　廉一一一　痰一一〇　塩一一〇　戥一〇九　禁一〇七　禽一〇七　斟一〇六　溝一〇四　稠一〇三　裘一〇三　搜一〇二　酬一〇二　鄒一〇二　鳩一〇二　愁一〇二

裕一八三　預一八二　遇一八二　搪一八一　韮一八〇　置一七九　意一七九　試一七八　嗣一七八　肆一七七　肆一七六　遂一七四　嗜一七五　稚一七五　睡一七四　瑞一七三　義一七二　塚一七〇　感一六六　稔一六五　飪一六五　飲一六五　撥一六五　舅一六二　艇一六〇　鼎一五九　黽一五七　靖一五七　葬一五五　愴一五三　痺一五三　想一五三　跨一五二　蒸一五二　腦一四八　道一四六　碘一四二　暖一四一　飯一三九　損一三九　遁一三九　準一三六　隕一三六

路 一八四　槇 一八六　塑 一八六　歲 一八九　勢 一九一　裔 一九一　債 一九三　會 一九三　搭 一九四　話 一九五　塞 一九五　碎 一九六　愛 一九七　僅 一九九　慎 一九九　運 二〇〇　幹 二〇一　萬 二〇一　頓 二〇二　粲 二〇三　煥 二〇四　亂 二〇四　祺 二〇六　電 二〇七　殿 二〇七　絹 二〇八　遍 二〇九　羨 二〇九　照 二一〇　傲 二一一　號 二一一　奧 二一二　嫁 二一三　暇 二一四　靶 二一五　敬 二一七　聖 二一八　溜 二二〇　媾 二二二　暗 二二三　祿 二二六　腹 二二六　肅 二二八

督 二二九　睦 二二九　蜀 二三〇　葯 二三二　瑟 二三五　滑 二三七　歇 二三七　違 二三八　窟 二三八　煞 二三九　鉄 二四〇　彙 二四二　落 二四四　著 二四四　酪 二四五　搏 二四五　跡 二四八　疊 二四八　隔 二四八　勦 二五一　飭 二五二　溺 二五二　極 二五三　逼 二五四　塊 二五五　溼 二五六　睫 二五九　楫 二五九　葉 二五九　塔 二五九　閘 二五九　鉀 二五九　寗 二七三　嫌 二七四　慌 二七四　煌 二七五　煉 二七五　爺 二七五　溢 二七五　溯 二七五　愧 二七五　該 二七六　補 二七六

瑚 二七六　葛 二七六　裙 二七六　碗 二七六　聘 二七六　腺 二七六　獻 二七六　猿 二七六　瑙 二七六　鉑 二七七　躲 二七七　鈾 二七七　靴 二七七　詹 二七七　貨 二七七　搾 二九八　楨 二九八　業 二九八　痳 二九八　筵 二九八　群 二九八　腫 二九八　葷 二九八　路 二九九　躲 二九九　較 二九九　遊 二九九　鉅 二九九　雌 二九九　鈍 二九九　馳 二九九　喧 二九九　僂 二九九　僾 二九九　剿 二九九　剷 三〇〇　嗅 三〇〇　彙 三〇〇　愷 三〇〇　椶 三〇〇　滄 三〇〇　瑛 三〇〇　稟 三〇〇

筠 三〇〇　頑 三〇〇

十四畫

銅 一　熊 三　夢 三　蒙 四　舂 六　墀 一四　維 一五　旗 一七　疑 一七　慈 一八　斐 二十　與 二一　漁 二一　需 二四　蒲 二六　圖 二七　齊 二八　瑰 三二　魁 三二　臺 三三　綺 三三　甄 三五　賓 三六　銀 三七　塵 三七　閩 三八　綸 三九　聞 四十　熏 四二　魂 四四　酸 四八　團 四八　端 四八　漫 五一　綿 五六　銓 五七　鳶 五七　廖 六十　僚 六十

寥 六十　熙 一八　遙 六二　韶 六三　瑤 六三　漂 六四　僑 六五　蔽 六六　膏 六七　豪 六七　髦 六八　歉 六九　蓑 七一　頗 七二　賒 七三　嘉 七四　障 七八　裳 八十　槍 八一　嘗 八一　蒼 八三　網 八四　臧 八五　榜 八六　鳴 八七　榮 八八　禎 九一　輕 九一　銘 九四　蒸 九五　寧 九五　稱 九七　兢 九七　僧 九八　榴 一〇〇　漸 一一二　監 一一三　銜 一一三　鄙 一一八　爾 一一八　語 一二三　蜚 一二三　綾 一二四

墅 一二六　舞 一二七　聚 一二七　腐 一二八　滷 一二九　滙 一三一　夥 一三三　遞 一三三　腿 一三三　綵 一三五　盡 一三六　緊 一三六　誕 一四〇　滿 一四一　瘓 一四一　管 一四一　算 一四一　演 一四三　趙 一四五　肇 一四五　磁 一四七　裸 一四八　禍 一四九　摑 一五〇　彰 一五〇　寡 一五一　箋 一五二　像 一五二　獎 一五二　槎 一五二　網 一五四　境 一五五　榔 一五六　領 一五八　綬 一六二　壽 一六二　誘 一六二　寢 一六五　歎 一六七　截 一六七　鳳 一六八　粽 一六九　綜 一七〇

漲 一七〇　漬 一七二　粹 一七三　毀 一七三　蒞 一七五　翠 一七六　誌 一七七　飼 一七八　翡 一八〇　精 一八〇　署 一八一　碱 一八四　搏 一八四　壓 一八四　誤 一八五　墓 一八五　製 一九〇　睿 一九〇　綴 一九〇　際 一九〇　滯 一九一　誓 一九一　蓋 一九二　對 一九六　幗 一九六　誨 一九六　漑 一九七　態 一九七　認 一九八　遜 二〇二　嫩 二〇二　漢 二〇三　慢 二〇五　蒜 二〇五　慣 二〇六　綫 二〇八　裱 二一一　貌 二一一　箇 二一二　綢 二一六　暢 二一六　嗽 二二二　構 二二三

漏 二二三　墊 二二四　厭 二二四　僕 二二六　福 二二七　蓄 二二八　鏃 二二八　酷 二二九　獄 二三〇　實 二三二　漆 二三三　蜜 二三三　罰 二三六　竭 二三七　奪 二三八　察 二三九　說 二四二　幕 二四四　漠 二四四　箔 二四五　劃 二四七　瑪 二四七　摘 二四八　碧 二五〇　滌 二五一　滴 二五一　飾 二五三　閣 二五八　榻 二五九　颯 二六〇　幔 二七七　摧 二七七　孵 二七七　賑 二七八　輔 二七八　瘋 二七八　蓆 二七八　裹 二七八　榕 二七八　熄 二七八　瑯 二七八　榦 二七八　滾 二七八

飽 二七九　瘧 二七九　颱 二七九　僱 三〇〇　碳 三〇〇　種 三〇一　窩 三〇一　箏 三〇一　赫 三〇一　趕 三〇一　輓 三〇一　辣 三〇一　遣 三〇一　酵 三〇一　鼻 三〇一　綠 三〇一　榘 三〇一　嘔 三〇二　寨 三〇二　幛 三〇二　慷 三〇二　慨 三〇二　摸 三〇二　摔 三〇二　碩 三〇二　箕 三〇二　麼 三〇二

十五畫

窮 三　鋒 七　撞 九　儀 十　戲 十　璃 一二　遲 一四　輜 一七　輝 一九　閭 二二　膚 二五　廚 二五　敷 二五　糊 二六

模 二六　鋪 二八　黎 二八　稽 二九　鞋 三一　鄰 三六　醇 三八　輪 三九　論 三九　墳 四一　樊 四三　彈 四七　寬 四九　盤 四九　憐 五二　賢 五二　蓮 五三　編 五四　篇 五四　潺 五五　翩 五六　緣 五七　調 五九　遼 六十　寮 六十　撩 六十　澆 六十　銷 六一　霄 六一　窯 六二　嬌 六二　潮 六二　窰 六三　標 六三　廟 六四　膠 六五　撈 六七　褒 六八　熬 六九　槽 六九　遨 六九　駝 七十　鄱 七一

摩 七一　蝌 七二　遮 七三　課 七三　鴉 七五　樟 七八　箱 七九　將 八十　瘡 八十　槳 八一　潢 八五　蝗 八六　澎 八六　瑩 八八　澄 八八　徵 九七　層 九八　增 九八　憂 九九　瘤 一〇〇　劉 一〇〇　播 一〇三　樓 一〇四　歐 一〇四　蔘 一〇八　潭 一〇八　鋌 一〇九　慙 一一〇　談 一一〇　髯 一一一　潛 一一二　鞏 一一四　劇 一一六　履 一一九　齒 一二一　駛 一二二　褚 一二五　緒 一二六　數 一二八　豎 一二八　魯 一二九　磊 一三三　罷 一三三

璀 一三四　憫 一三六　憤 一三七　槿 一三八　緩 一四〇　撰 一四二　踐 一四三　撚 一四三　篆 一四四　稻 一四六　碼 一四九　罵 一四九　踝 一五一　寫 一五一　養 一五二　槳 一五三　賞 一五四　廠 一五四　廣 一五五　賊 二五五　影 一五六　霆 一五九　請 一五九　牖 一六二　趣 一六三　審 一六五　儉 一六七　範 一六八　糉 一六九　賜 一七一　誼 一七二　醉 一七三　墜 一七七　餌 一七八　撫 一七八　幟 一七八　嬉 一七九　慰 一八〇　緯 一八〇　蝨 一八一　慮 一八一　賦 一八三　暮 一八四

蕖 一八四　醋 一八七　衛 一八九　慧 一八九　幣 一九〇　厲 一九一　賣 一九四　蔡 一九四　輩 一九六　潰 一九六　震 一九八　廢 一九八　潤 二〇〇　鴈 二〇五　澗 二〇五　麪 二〇七　練 二〇七　線 二〇八　箭 二〇九　賤 二〇九　閙 二一一　靠 二一二　暴 二一二　駕 二一三　價 二一四　蝶 二一五　蔗 二一五　慶 二一七　鄭 二一八　鄧 二一九　瘦 二二〇　皺 二二〇　複 二二一　蔭 二二三　暫 二二四　穀 二二五　熟 二二七　膝 二三二　質 二三二　確 二三二　髮 二三七　撥 二三八　睹 二三九

撮 二三九　潔 二四〇　節 二四〇　澈 二四二　熱 二四二　徹 二四三　樂 二四四　魄 二四五　碧 二五〇　敵 二五一　億 二五三　蝕 二五三　德 二五四　稷 二五四　緝 二五五　墨 二五五　踏 二五八　斲 二七七　弊 二七八　熨 二七九　瑾 二七九　潦 二七九　磁 二七九　璋 二七九　嘴 二七九　戮 二七九　噲 二七九　劍 二七九　樞 二八〇　撲 二八〇　概 二八〇　樣 二八〇　歎 二八〇　潘 二八〇　潑 二八〇　毅 二八〇　樑 二八一　餉 二八二　蔓 二八三　葡 二八三　蔚 二八三　踢 二八三　輛 二八三

締 二八三　霉 二八三　銳 二八三　餃 二八三　鋁 二八三　駐 二八三　閱 二八三　裸 二八四　蝴 二八四　誰 二八四　賠 二八四　踞 二八四　踪 二八四　蔬 二八四　蝦 二八四　衝 二八四　躍 二五七　墮 三〇二　磅 三〇二　碾 三〇三　稿 三〇三　緘 三〇三　緞 三〇三　舖 三〇三　蕨 三〇三　蔴 三〇三　賬 三〇三　鋤 三〇三　銲 三〇三　隣 三〇三　麩 三〇三　撓 三〇三　撒 三〇四　毆 三〇四　緬 三〇四　發 三〇四　撤 三〇六

十六畫

融 二　龍 六　濃 七　窺 一一

隨 一一　龜 一五　頤 一六　機 二十　龍 六　遺 一五　餘 二一　諸 二二　豬 二三　儒 二四　輸 二五　盧 二七　穌 二八　舖 二八　懷 三一　諧 三一　諜 三六　親 三六　遴 三九　臻 四十　勳 四二　蕃 四三　奮 四四　諠 四四　翰 四六　壇 四七　餐 四七　燕 五二　錢 五四　縣 五四　還 五五　燃 五五　磚 五八　雕 五九　遼 六十　蕉 六二　樵 六二　瓢 六三　燒 六三　橋 六四　貓 六四　糕 六七　操 六九

磨 七二　噸 七四　糖 八一　彊 八二　奮 八二　橫 八四　璜 八四　鋼 八四　衡 八八　橙 八九　頸 九二　錦 九三　鴿 九三　螢 九五　憑 九六　凝 九七　興 九七　燈 九八　蹂 一〇二　謀 一〇三　儔 一〇三　頭 一〇四　颳 一〇五　霖 一〇六　擒 一〇七　擔 一一〇　擁 一一四　蕊 一一五　樹 一二八　賭 一二九　澧 一三一　墾 一四〇　盥 一四一　選 一四四　辨 一四四　瘵 一四九　蕩 一五五　靜 一五七　頻 一五八　整 一五八　穎 一五八　醒 一五九　褪 一六二

險 一六六　樹 一六六　撼 一六六　積 一七一　隧 一七四　冀 一七五　緻 一七五　膩 一七五　器 一七六　暨 一七六　謂 一八〇　據 一八一　豫 一八二　曉 一八五　錯 一八六　褲 一八七　澡 一八八　噬 一九〇　憩 一九一　懈 一九三　賴 一九三　遴 一九九　燐 一九九　奮 二〇一　憲 二〇二　激 二〇六　辦 二〇六　膳 二〇八　諺 二〇八　戰 二〇八　嘯 二一〇　導 二一一　澳 二一二　餓 二一三　瘴 二一六　錠 二一九　獨 二三五　樸 二三六　築 二三八　篤 二三九　錄 二三〇　學 二三二　橘 二三四

諷 二三七　諸 二四六　霍 二四六　擇 二四七　積 二四八　澤 二四八　歷 二五〇　激 二五〇　錫 二五〇　曆 二五一　嘩 二五二　壁 二五二　默 二五五　輯 二五六　頰 二六〇　駱 二七七　鴝 二八〇　鴨 二八〇　麈 二八〇　璣 二八〇　篩 二八一　鮑 二八一　蕙 二八一　蕃 二八一　諦 二八一　閣 二八一　磬 二八一　穆 二八一　橱 二八二　噴 二八二　擅 二八二　噩 二八二　澡 二八二　樺 二八二　濁 二八二　濂 二八二　橡 二八二　羲 二八五　劑 三〇四　噪 三〇四　館 三〇四　錶 三〇四　鋸 三〇四

錘 三〇四　寰 三〇四　遢 三〇四　錳 三〇五　錕 三〇五

十七畫

鴻 四　聰 五　蓬 五　鍾 六　縫 七　縱 八　聳 九　戲 十　虧 一一　薇 一六　雖 一六　禧 一八　徽 一九　舉 二二　鍍 二七　齋 三二　癀 三三　薪 三五　濱 三七　繁 四三　餛 四四　韓 四六　環 五十　艱 五一　鮮 五四　氈 五五　聯 五六　蕭 五九　邀 六十　餚 六五　濤 六八　糟 六八　蹉 六九　螺 七一　鍋 七一　蟆 七三

霞 七四　薑 七八　霜 八十　償 八一　膾 八一　蕾 八二　幫 八五　嶸 八九　營 九十　嬰 九十　聲 九一　膺 九六　應 九七　賸 九九　優 九九　燴 九九　繆 一〇五　臨 一〇六　臉 一一一　謙 一一二　黏 一一二　講 一一四　擬 一二一　檠 一二四　擎 一二六　薔 一三三　儡 一三三　隱 一三八　懇 一四〇　矯 一四六　顆 一四九　磯 一五四　嶺 一五八　醜 一六一　斂 一六六　瞻 一六六　點 一六七　濫 一六八　礁 一六八　避 一七一　臂 一七一　懋 一七二　穗 一七四

孺 一八三　療 一八四　濟 一八七　擠 一八八　隸 一八九　謎 一八九　勵 一九二　膾 一九三　壓 一九四　邁 一九五　戴 一九七　賽 一九七　糞 二〇〇　駿 二〇〇　濬 二〇〇　館 二〇四　燦 二〇四　禪 二〇六　鍊 二〇七　輾 二〇九　餞 二一〇　謝 二一四　嚇 二一四　臍 二一九　罄 二一九　燮 二二一　癆 二二三　殮 二二四　縮 二二七　鞠 二二八　燭 二二九　嶽 二三一　闊 二三八　檜 二三八　薛 二三八　豁 二三九　褻 二四一　縛 二四四　獲 二四七　擊 二五〇　績 二五一　翼 二五四　濕 二五六

鴿 二五七　墅 二八一　嶼 二八一　擦 二八四　檀 二八四　襄 二八五　賺 二八五　薦 二八五　總 二八五　謠 二八五　磯 二八五　癌 二八五　糙 二八五　趨 二八六　購 二八六　鍰 二八六　輿 二八六　黛 二八六　鎂 二八六　闌 二八六　鍛 二八七　彌 三〇五　檢 三〇五　蟑 三〇五　謊 三〇五　蹈 三〇五　鍼 三〇五　錨 三〇五　闔 三〇五　濠 三〇五

十八畫

蟲 一　豐 三　鬃 五　叢 五　鎔 六　鬆 六　雙 八　騎 十　彝 一三　醫 一八

歸 二十　儲 二二　雛 二五　題 二九　雞 二九　檳 三七　薰 四一　翻 四四　顏 五〇　鵑 五四　蟬 五五　鞭 五七　豬 五七　翹 六四　鵝 七〇　鯊 七五　糧 七七　簧 八五　藏 八六　鎗 八七　鰍 一〇〇　謳 一〇四　嚮 一〇九　藍 一一〇　邇 一一七　壘 一一九　鯉 一二一　礎 一二六　鵝 一二七　禮 一三一　擲 一三八　擴 一四一　簡 一四二　轉 一四四　擾 一四五　鎖 一四八　瀉 一五二　謹 一五六　檸 一五七　簞 一六七　檻 一六八　甕 一六九　櫃 一七四

織 一七七　魏 一八〇　薯 一八一　贅 一九〇　獵 一九四　聶 一九六　穢 一九八　鎮 一九九　殯 一九九　斷 二〇四　竄 二〇四　繕 二〇八　竅 二一〇　瀑 二一二　藉 二一四　醫 二一七　舊 二三〇　覆 二三一　謬 二三三　瀑 二三六　濼 二三六　弼 二三四　關 二三六　薩 二三八　額 二四六　璧 二五〇　癖 二五一　職 二五二　雜 二五八　櫝 二八五　擺 二八五　檬 二八五　爵 二八六　襆 二八六　瀘 二八六　蹤 二八七　覈 二八七　薺 二八八　鼇 二八八　瞿 二八八　闡 三〇五

十九畫

龐 九　麗 一二　離 一二　麒 一七　辭 一八　廬 二二　鏤 二五　懷 三一　鯤 四五　難 四七　關 五十　攀 五十　顛 五三　邊 五四　鏈 五五　簫 五九　韜 六八　羅 七十　疆 七九　羹 八六　鯨 八八　瀛 九十　瓊 九二　蠅 九六　懲 九六　繩 九七　鵬 九八　藤 九九　襟 一〇七　簷 一一〇　簾 一一一　蟻 一一五　靡 一一六　薄 一三〇　譜 一三一　蟹 一三二　穩 一三九　嬾 一四〇　禱 一四七　襖 一四八　藕 一六三　類 一七三　餽 一七四

識 一七七　霧 一八三　繫 一八八　繪 一八九　藝 一九一　壞 一九三　礙 一九七　韻 二〇〇　願 二〇一　贊 二〇三　爆 二一一　鏡 二一七　曠 二一七　證 二一九　獸 二三〇　繡 二三一　藥 二四三　醱 二五三　臘 二五八　繳 二八二　餡 二八六　壢 二八六　譚 二八七　鶉 二八七　儀 二八七　寵 二八七　贊 二八七　瀝 二八七　簽 三〇六　藩 三〇六　霸 三〇六　贈 三〇六　轎 三〇六　醮 三〇六　鏢 三〇六　饈 三〇六　騙 三〇六　鵲 三〇六　懶 三〇六　曝 三〇七　曦 三〇七

二十畫

瓏 四　鐘 六　犧 十　蘆 二二　爐 二七　蘇 二八　蘋 三七　蘊 四一　饅 四九　懸 五四　騫 五八　飄 六四　騷 六八　攘 七九　聽 九二　馨 九三　齡 九四　騰 九九　籃 一一〇　鹹 一一一　嚴 一一三　纂 一四一　闡 一四四　寶 一四七　癢 一五二　壤 一五四　黨 一五五　警 一五六　礦 一五七　艦 一六八　議 一七二　繼 一八八　藹 一九二　勸 二〇一　獻 二〇二　麵 二〇七　耀 二一〇　競 二一七　覺 二三一　藻 二三五　贏 二四一　釋 二四九　譯 二四九

麵 二八二　儺 二八七　寶 二八七　灕 二八七　籍 二八七　衛 二八八　籌 二八八　糯 三〇七　糲 三〇七　攔 三〇七　礦 三〇七

廿一畫

嚳 二一　驅 二四　攜 三十　鷄 三一　蘭 四八　欄 四八　纓 五五　鐫 五六　饒 六二　魔 七二　轟 八九　鶯 八九　櫻 八九　躊 一〇三　闢 一三三　蠡 一三七　覽 一六六　懼 一八三　辯 一八三　露 一八五　護 一八五　顧 一八五　儷 一八九　櫬 一九九　爛 二〇三　灌 二〇四　饌 二〇九　竈 二一二　霸 二一五　廱 二一五

屬 二三〇　續 二三一　櫻 二三七　鐵 二四〇　鐸 二四四　鶴 二四六　攝 二五九　蠟 二五九　籐 二八八　躍 二八八　臟 三〇七　饑 三〇七　囍 三〇七　巍 三〇七

廿二畫

籠 四　韃 四　攤 四七　歡 四九　彎 五十　巔 五三　權 五八　驕 六二　驁 六九　驊 七四　囊 八五　聽 九三　鷗 一〇五　髓 一一六　灑 一一七　灘 一四一　辮 一四三　襳 一五〇　響 一五三　饕 一七六　臟 一九五　櫬 一九九　讀 二二五　鑑 二二五　贖 二三一　竊 二四〇　疊 二四五

襲 二五六　鑒 二八八　鑄 二八八　鬢 二八八　龔 三〇七　饞 三〇八　鷗 三〇八

廿三畫

癰 七　黴 一五　纔 三四　鱗 三七　攣 五八　驚 八七　纓 九一　籤 一一一　纖 一一一　髓 一一六　巖 一一三　體 一三二　顯 一四二　髒 一五五　鑛 一五八　曬 一七三　戀 二〇九　變 二〇九　邏 二一三　驗 二二四　靨 二六〇　驛 二八八　鱔 三〇八　攪 三〇八

廿四畫

鑫 二九　靈 九三　鷹 九六　蠶 一〇九　鹽 一一〇　攬 一六六　贛 一六六　鹼 一六八

驟 一七〇　鷺 一八四　灝 二一五　釀 二一六　讓 二一六　鬭 二三二　艷 二三四　罐 二三四　靄 二六四　囑 二八八　壩 三〇八

廿五畫

觀 四九　蠻 五十　灣 五十　鑲 八十　廳 九四　攬 二三四　籬 二八一　臟 三〇七　鑰 三〇八

廿六畫

驢 一三　讚 二〇四

廿七畫

鑽 四九　鑼 七十　纜 二二四　鑷 三〇八

廿八畫

鸚 八九　鑿 二三六

廿九畫

鬱 二三五

卅畫

鸞 四九　鸝 七二

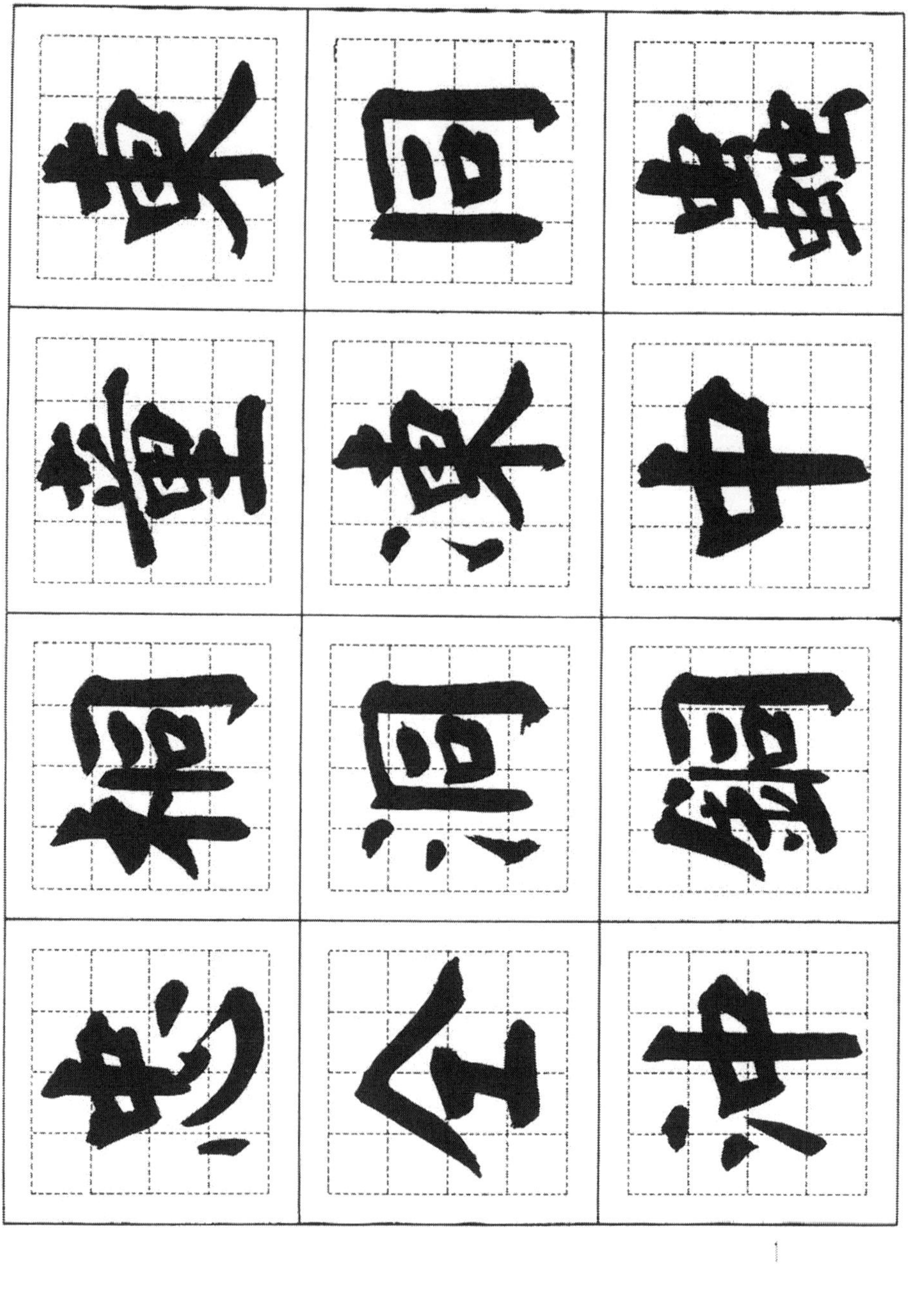
東 回 鞭
揮 東 中
黑
公

終眾崇

嵩戎弓

絨羢宮

融躬雄

豐	風	馮	熊
楓	充	汎	夢
空	隆	梵	窮

公	功	攻	龍
工	公	龔	洪
蒙	瓏	紅	鴻

烘	翁	蓬	冬
叢	聰	疼	農
通	蜂	鬃	宗

鬆	鍾	鐘	龍
容	松	鎔	胸
庸	蓉	頌	封

雍	癰	濃	重
從	傭	逢	鋒
縫	峯	峰	働

茸	供	窗	共
縱	江	降	雙
恭	邦	缸	双

腔	支	為	龐
撞	移	技	肛
聳	枝	蛇	氏

岐	騎	宜	皮
匆	戱	儀	涯
犧	戲	提	崖

肢	爲	瘻	披
委	垂	碑	窺
吹	隨	虧	奇

堤	璃	資	麗
兒	妓	脾	斯
離	卑	珊	焊

獅	飢	遲	墀
她	瓷	莉	尸
姿	呢	利	私

梨 犂 龜 遺

葵 追 亀 唯

維 綏 眉 徽

嵋	薇	之	芝
雖	帷	台	時
悲	歪	推	頭

思	司	期	麒
疑	絲	旗	詩
輜	其	棋	而

欺	詞	禧	醫
基	辭	治	慈
居	熙	持	仔

妃菲飛

揮徽違

微暉圍

茲滋輝

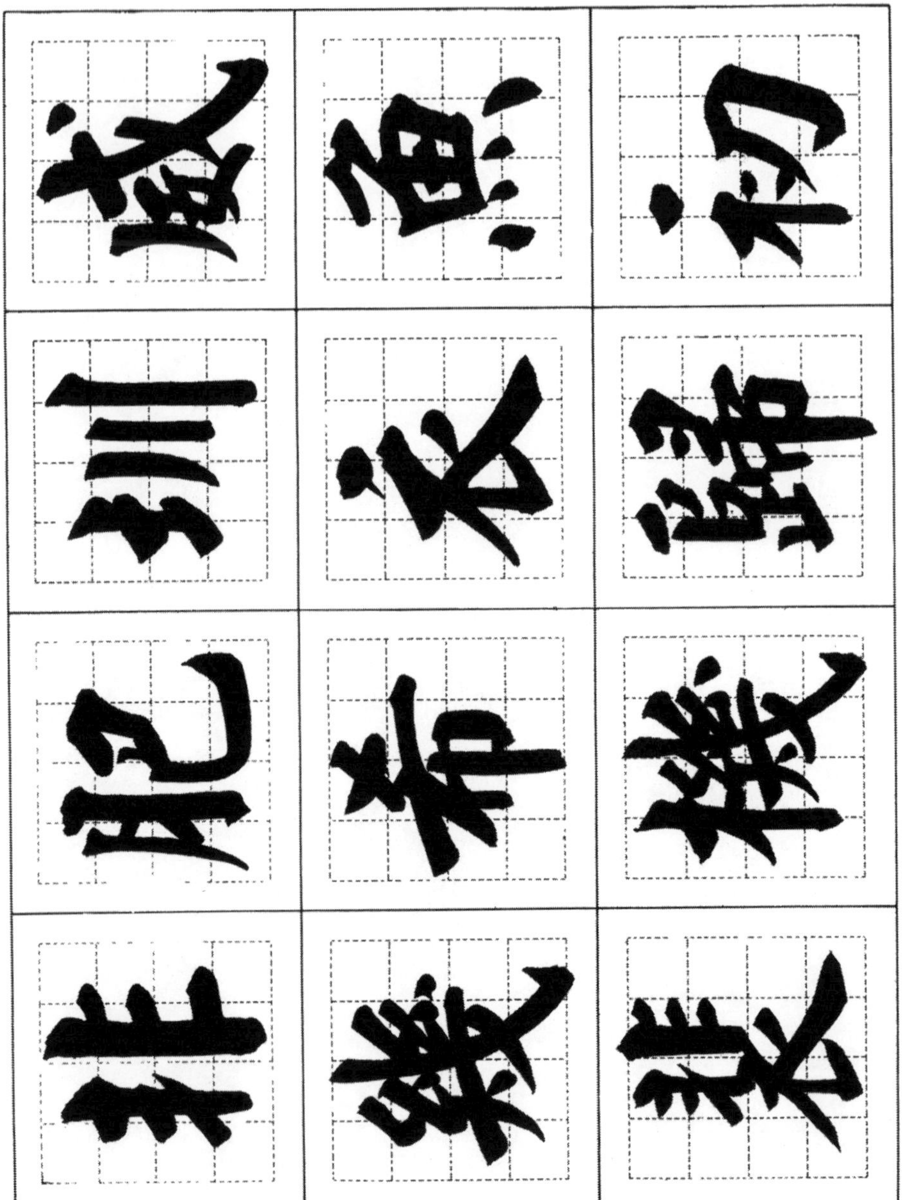

稀	書	餘	譽
依	舒	余	予
漁	車	與	疽

舉	疏	虛	徐
於	閣	諸	蘆
豬	猪	廬	儲

軀朱珠

殊俞區

株列誅

儒須需

膚輸廚

雛敷孚

符夫坿

鏤扶芙

糊孤辜
狐湖姑
蒲胡壺
俱模善

塗	鍍	吾	盧
途	奴	吳	爐
圖	呼	祖	炉

蘇	烏	鹵	鋪
穌	悉	枯	黎
餔	酥	都	齊

妻	隄	題	西
低	鑫	雞	犀
啼	紙	稽	梯

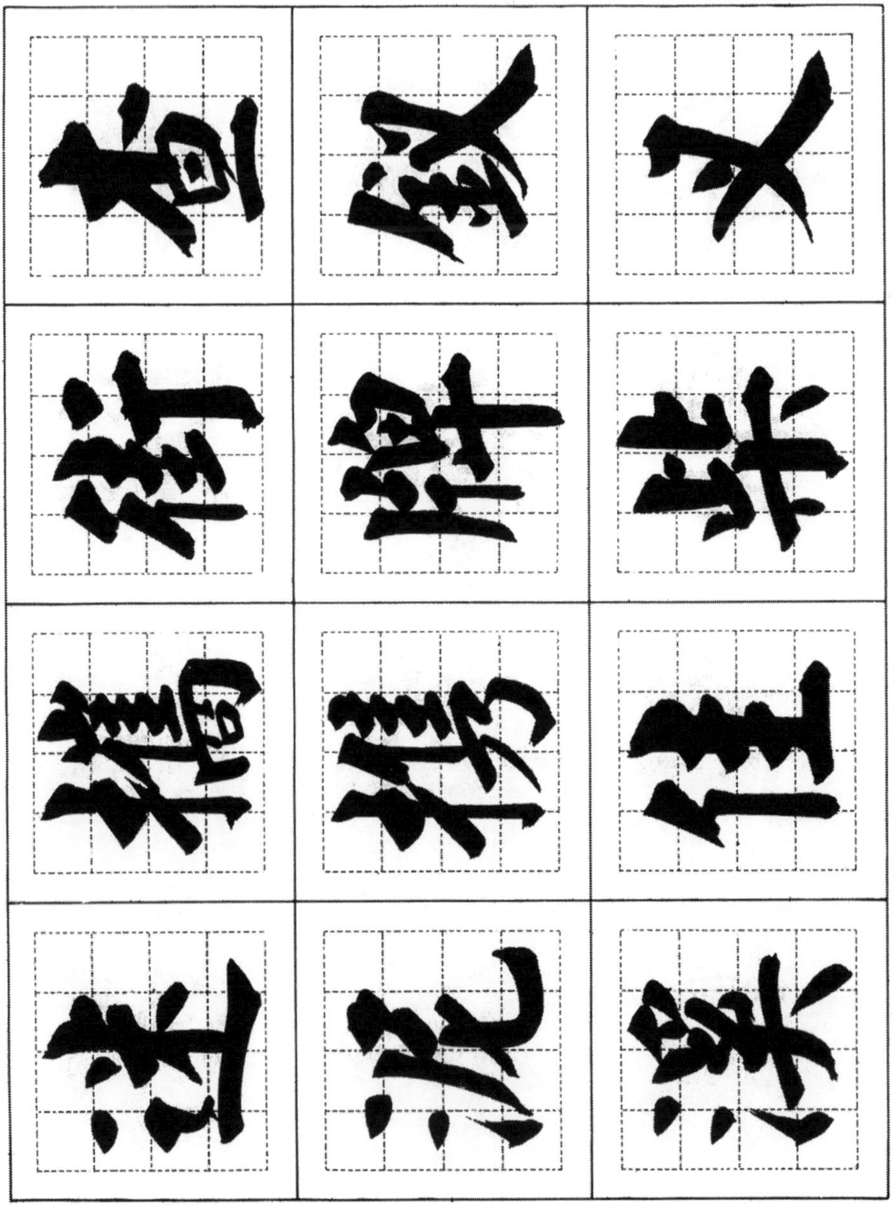

差 鷄 排 淮

皆 諧 乖 滙

階 鞋 懷 懷

埋	恢	迴	玫
齋	魁	瑰	煤
灰	回	梅	雷

[illegible]	綺	盃	哀
崔	培	[illegible]	臺
堆	杯	開	裁

胎孩真

菜栽猜

材来災

纔財才

臣	神	伸	賓
仁	親	娠	諜
人	申	身	鄰

麟	檳	津	級
濱	陳	秦	蘋
珍	塵	淪	銀

巾	貧	民	詢
岷	彬	淳	純
閩	份	椿	醇

脣侖皴輪
倫綸竣春
論屯遵旬

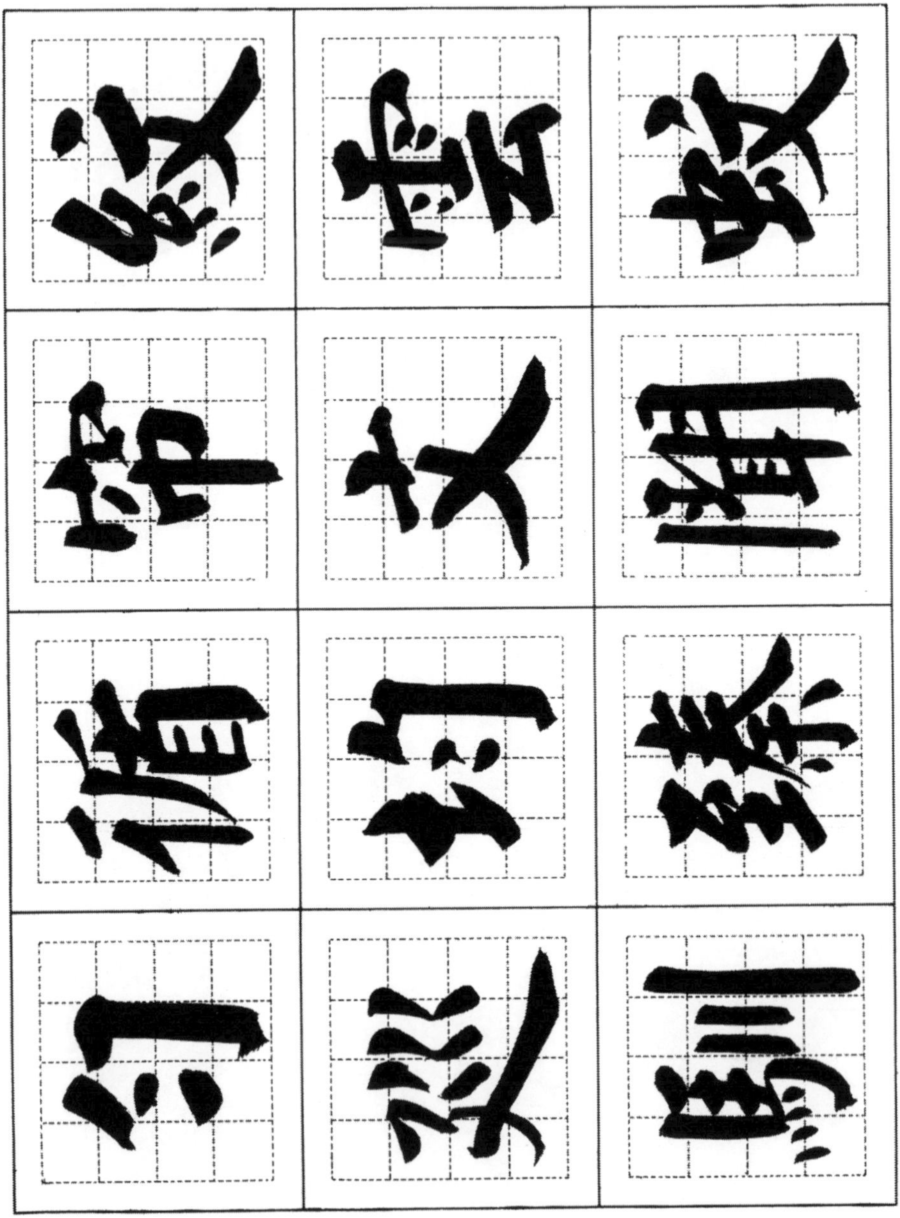

芸	汾	焚	分
員	墳	須	羣
蘊	氛	賁	薰

勤斤筋
紛欣殷
君軍芬
勳勛熏

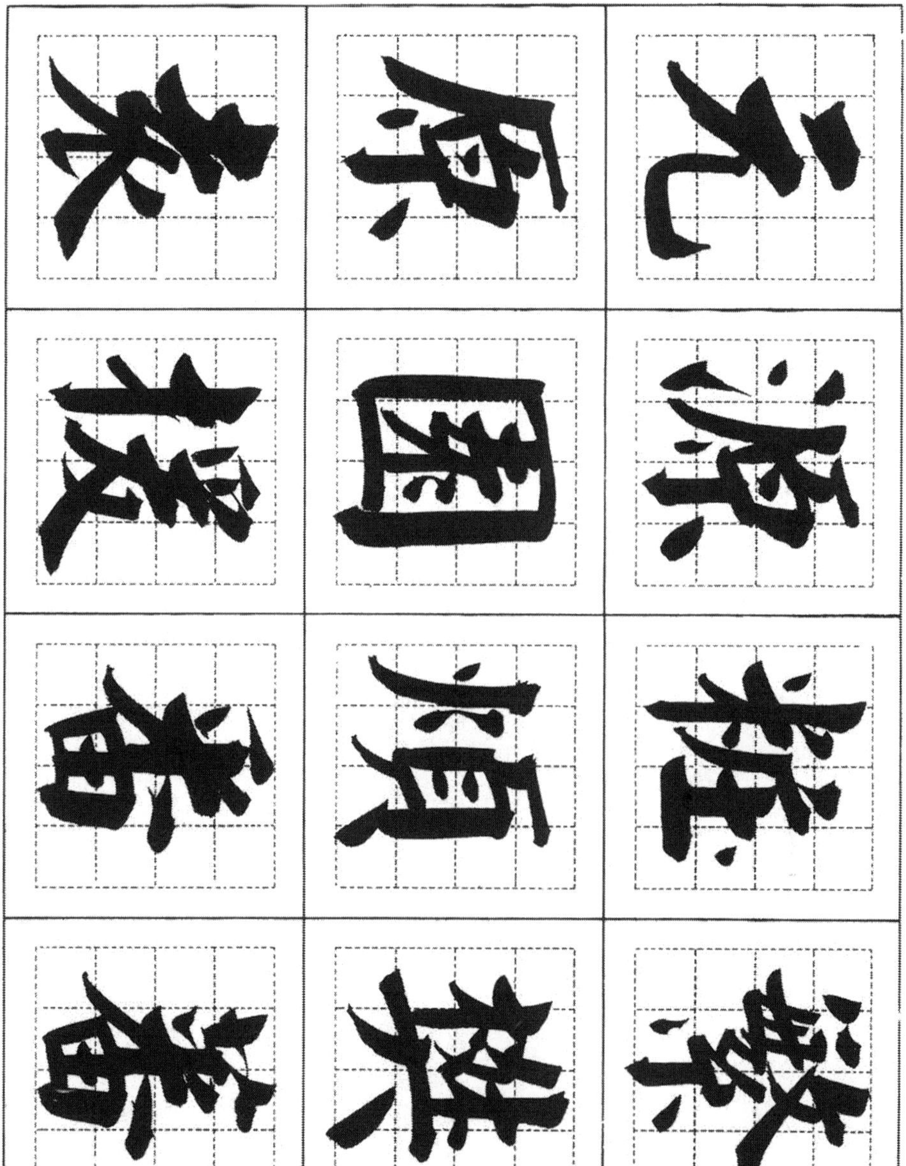

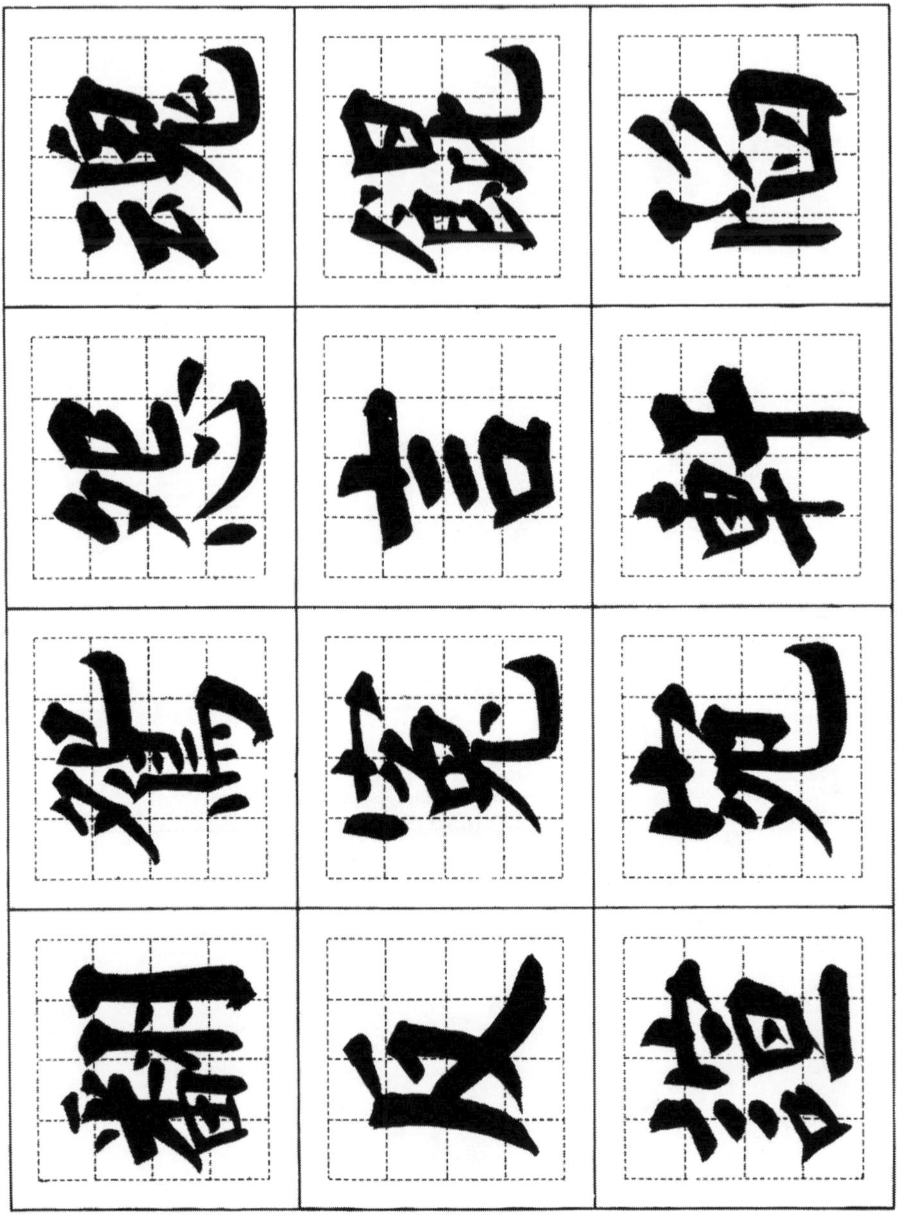

汗單丹寒韓翰根恩吞昏婚痕

安	攤	但	干
難	壇	殘	乾
餐	彈	胆	竿

官冠寬般
觀鸞鑽饅
朗歡盤曼

刪關彎灣還環班蠻顏姦奸攀

山	閑	先	淇
間	漫	前	仟
艱	干	俴	杆

天	賢	煙	咽
肩	弦	烟	絃
堅	胭	燕	憐

蓮	佃	滇	巔
零	填	顛	姸
田	年	韋	眠

仙鮮錢

玄懸眩

編篇縣

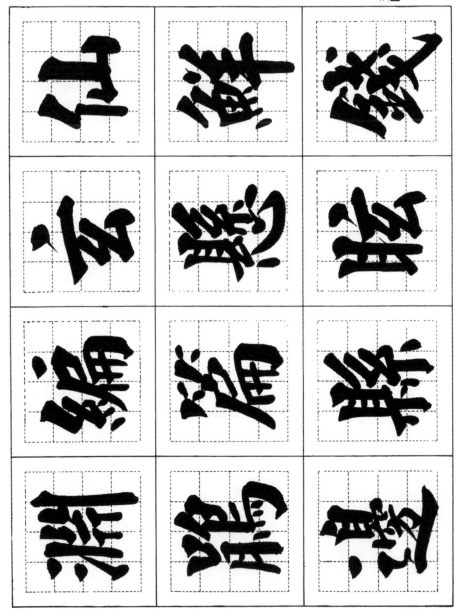

淵鵑邊

泉宣鐫

棉全淞

翩便綿

連聯偏

川 捐 旋 船

鉛 鳶 璿 鞭

穿 緣 娟 銓

痊	專	騫	椽
磚	栓	拳	傳
圓	虔	權	攣

蕭	簫	雕	條
挑	刁	彫	跳
貂	凋	迢	調

廖僚寮

寥料撩

邀聊遼

梟澆釗

堯	宵	逍	硝
幺	消	綃	超
垚	霄	銷	朝

晁	樵	嬌	饒
潮	驕	蕉	遙
栲	焦	椒	窯

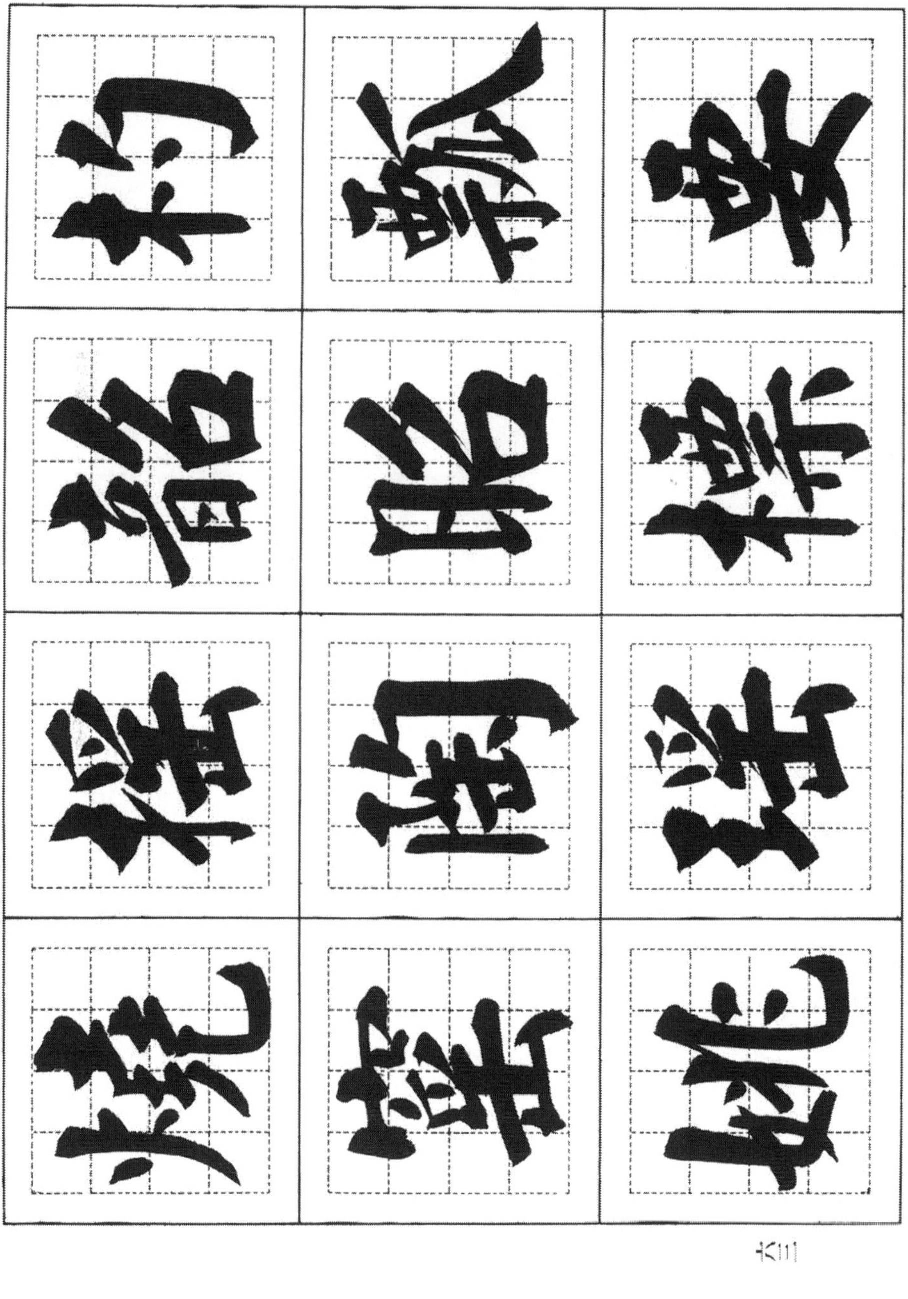

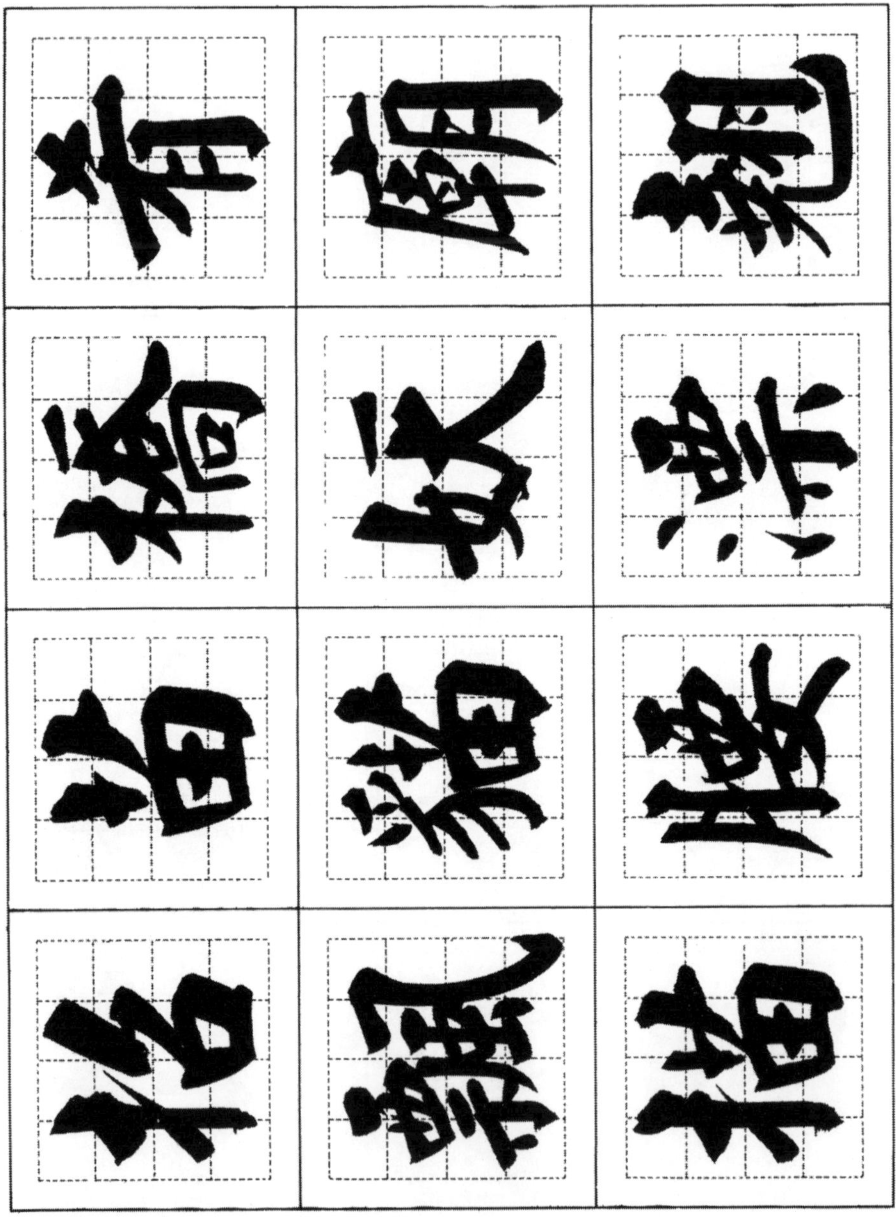

餚	姣	喬	交
殽	文	蛟	郊
僑	淆	膠	教

巢	茅	勦	胞
包	敲	抄	鈔
拋	泡	庖	咬

滔	皋	糕	勞
亳	岑	豪	牢
髙	羔	撈	膏

毛	髦	褒	濤
韜	刀	桃	掏
騷	袍	逃	糟

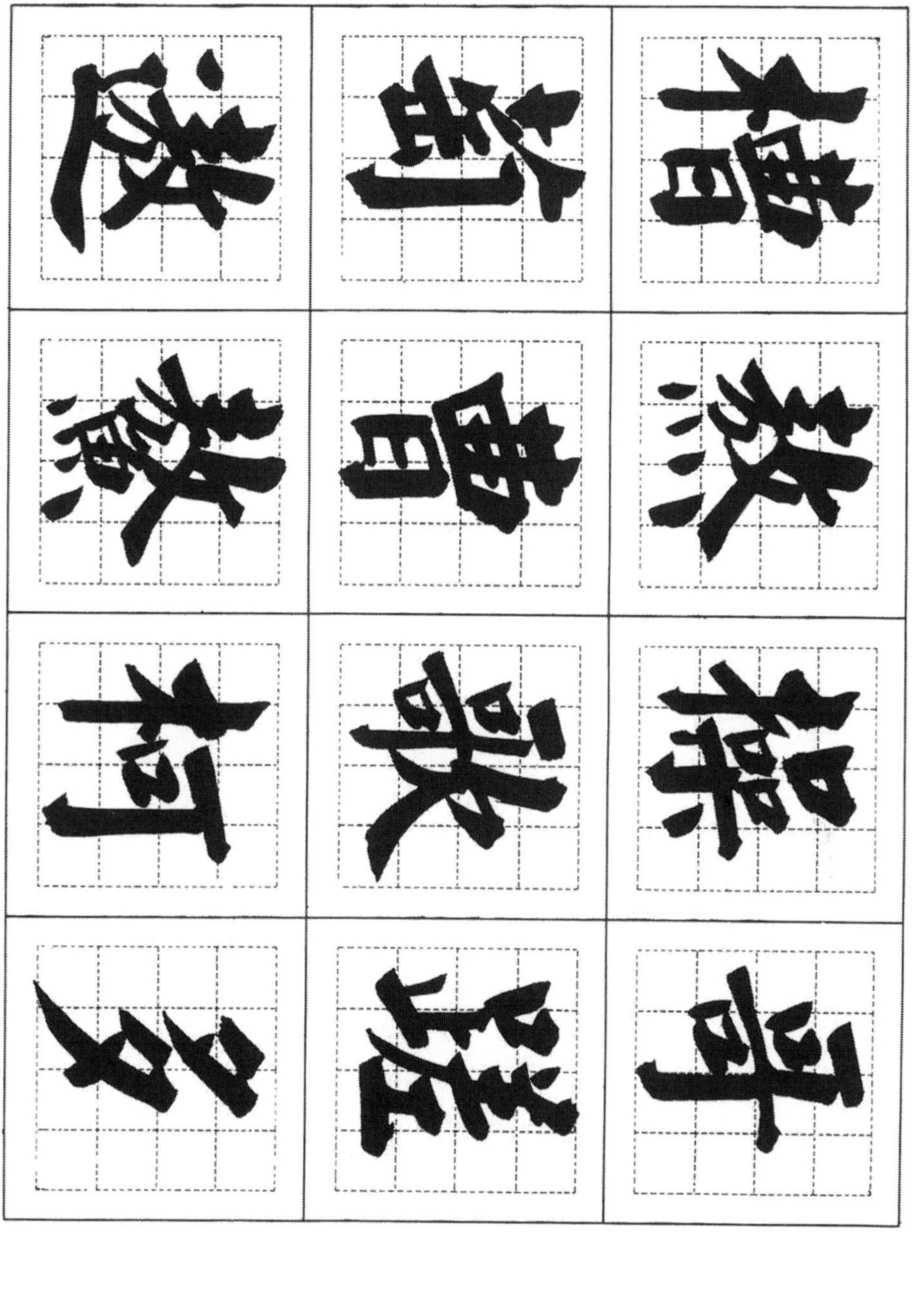

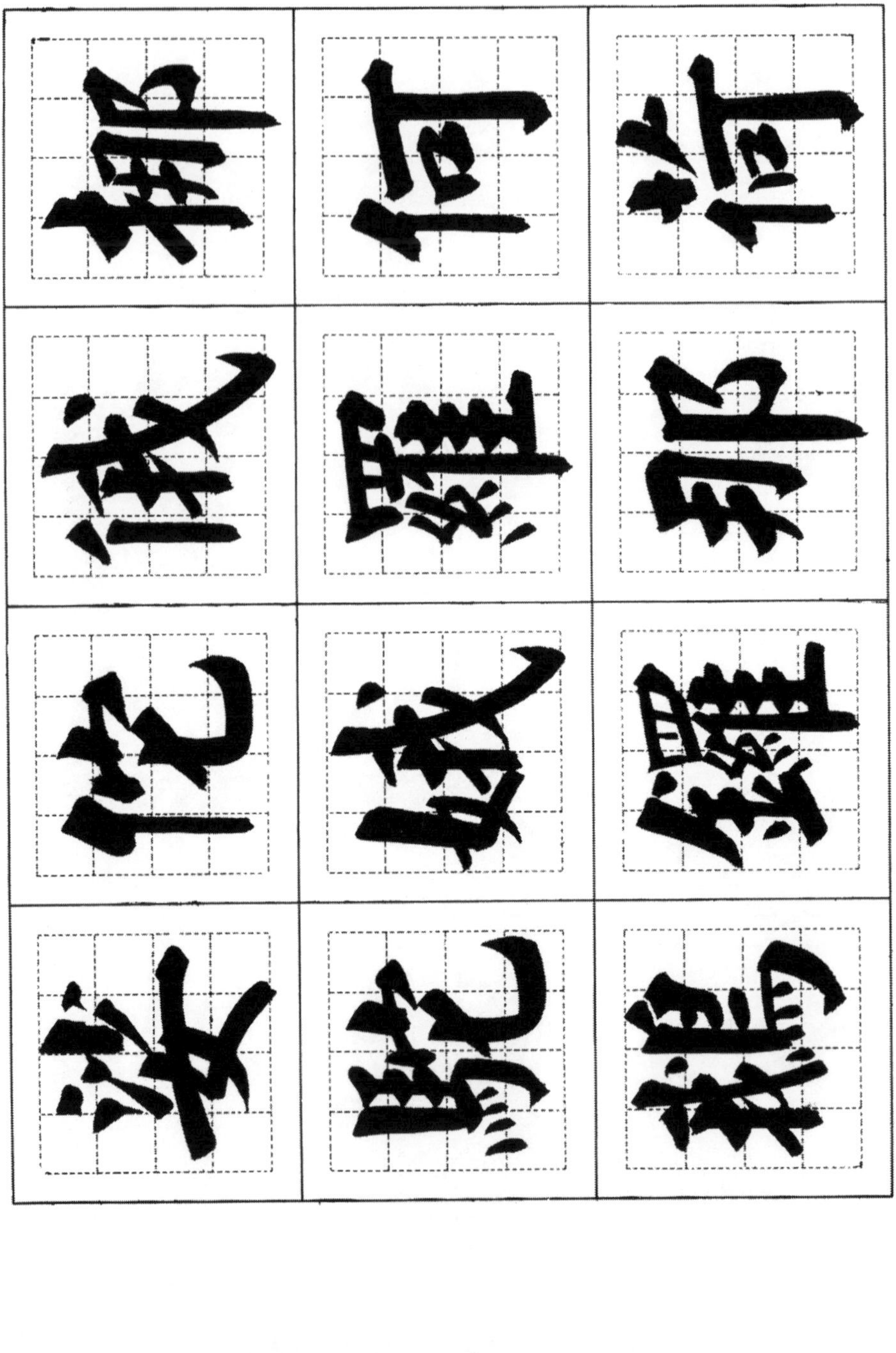

河	戈	蓑	鄱
過	鍋	梭	摩
阿	莎	婆	螺

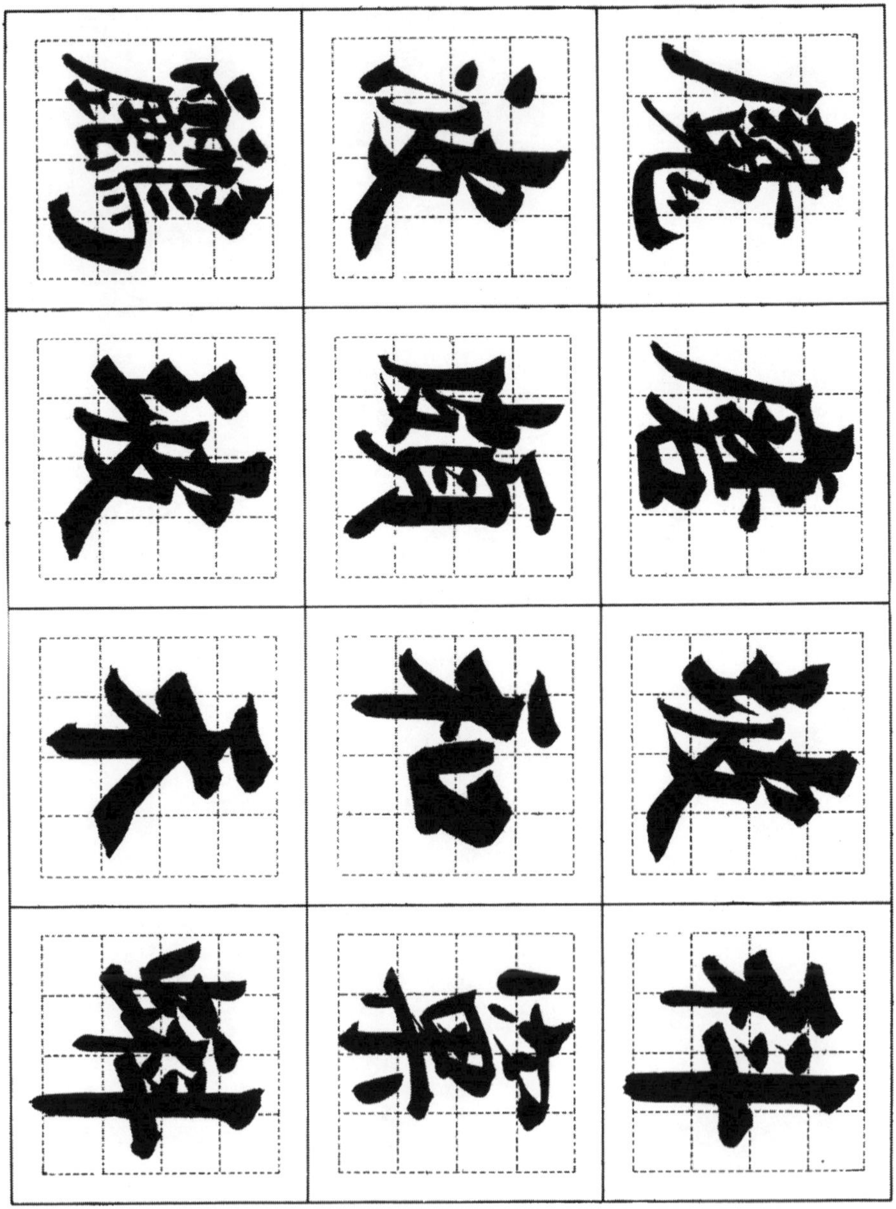

課	迦	邪	賒
伽	麻	遮	斜
茄	蟆	耶	椰

舞
公
香
詩

盛
奇
發
處

姿
無
花
秋

瑕	巴	沙	衙
吧	大	砂	妝
鴉	瀟	牙	茶

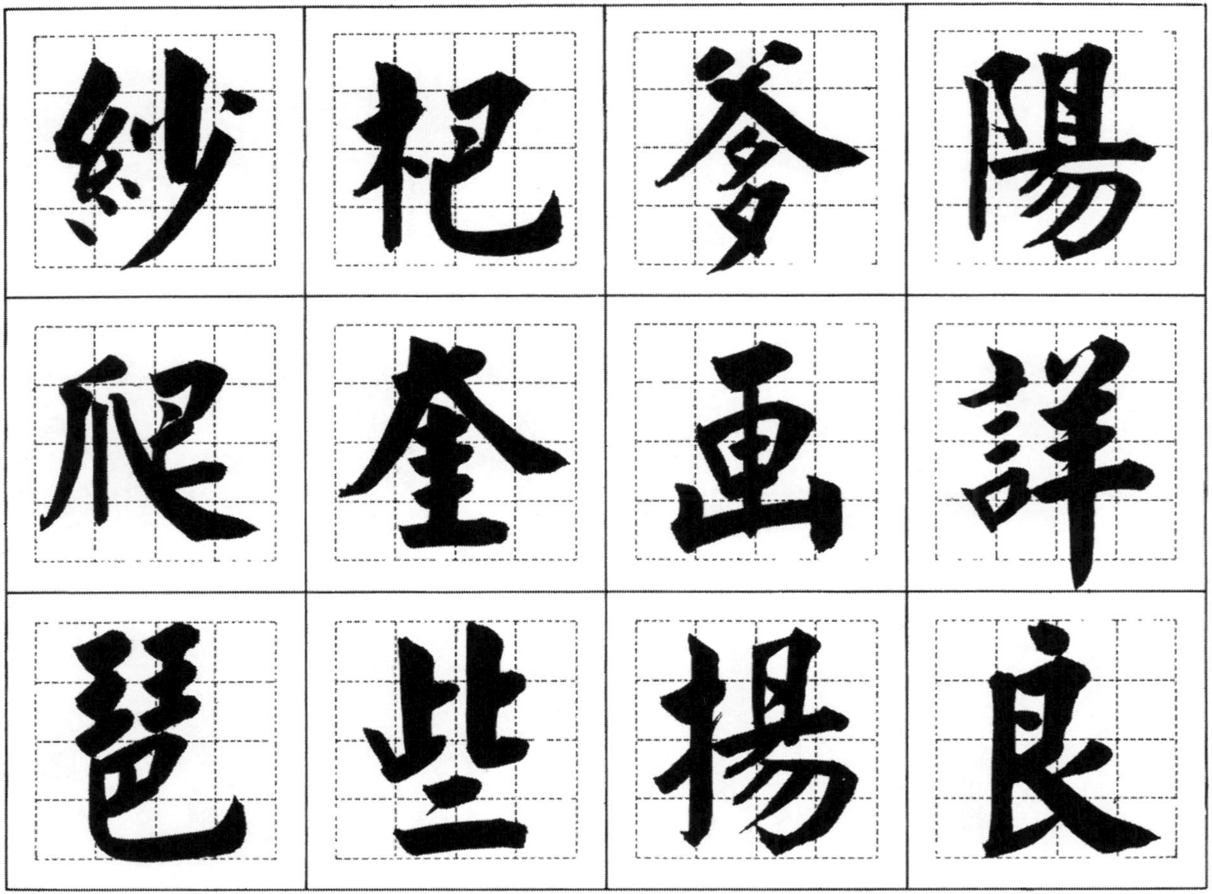
陽
詳
良
爹
画
揚
杷
傘
些
紗
爬
琶

洋	楊	粮	量
翔	祥	糧	香
痒	梁	涼	鄉

商	湯	樟	方
傷	防	昌	章
房	薑	障	倡

相	亡	鑲	蔣
娘	莊	裳	瘡
常	床	霜	嘗

抱	償	堂	漿
裝	牆	塘	糖
嘗	槍	郎	棠

王秧芳

搶韁狂

匡央強

薔鴦殃

唐	狼	蒼	黃
廊	當	罔	剛
珮	倉	光	桑

旁	羹	盲	彭
昂	坑	蝗	晴
藏	粳	澎	榜

亭	鎗	烹	鷺
英	評	荊	盟
平	京	明	鳴

澄	兵	瑩	筀
兄	縈	生	鯨
卿	衡	迎	牲

耕	嶸	鶯	崢
坻	莖	櫻	轟
宏	丁	鸚	橙

楹營嬰
盈情瀛
清晶旌
棚泓爭

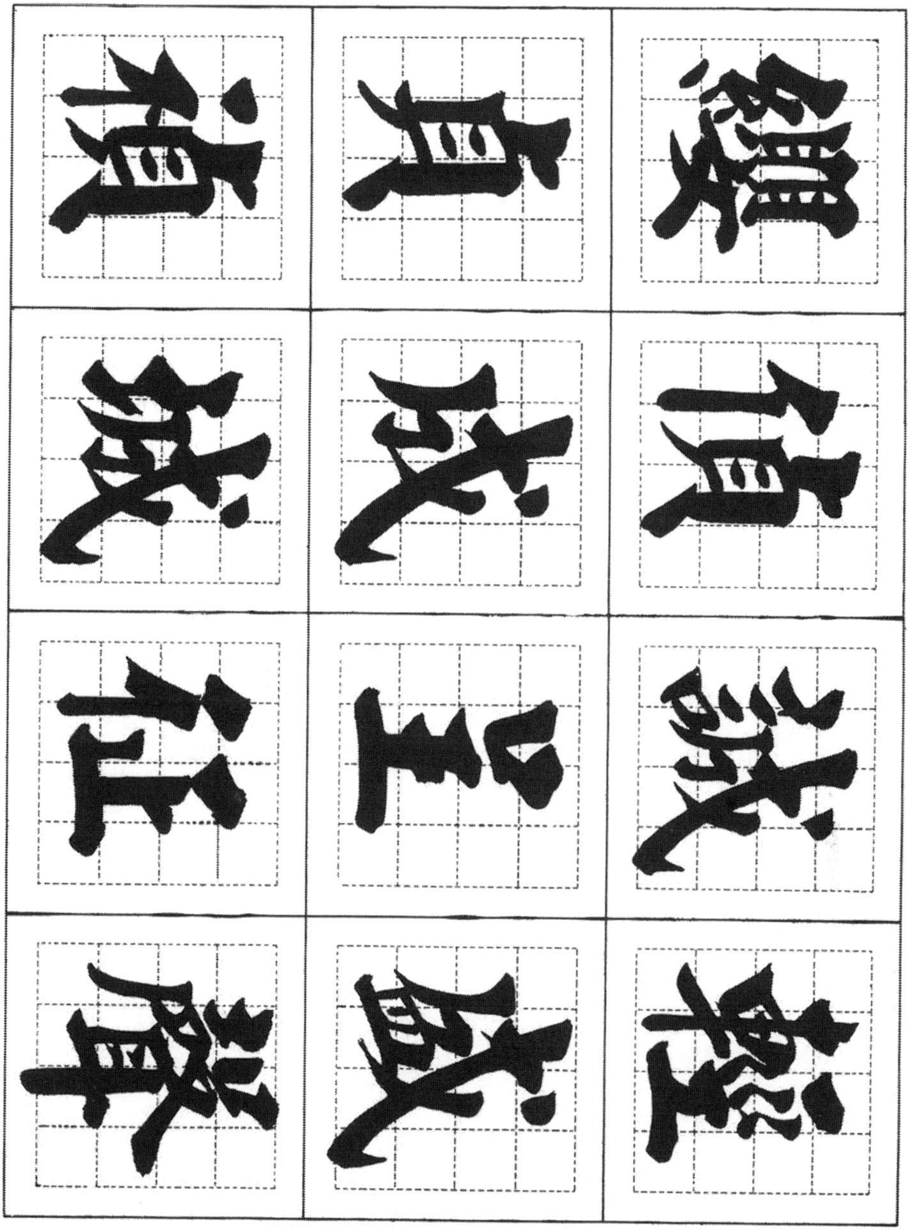

青經聽

并瓊頸

傾令名

正屏法

形	傳	錦	鈴
型	刑	靈	冥
庭	馨	鴒	聽

星	廷	苓	玲
迅	亭	伶	瑩
齡	腥	廳	銘

且	訂	萍	汀
泠	瓶	螢	蒸
寧	町	扃	陵

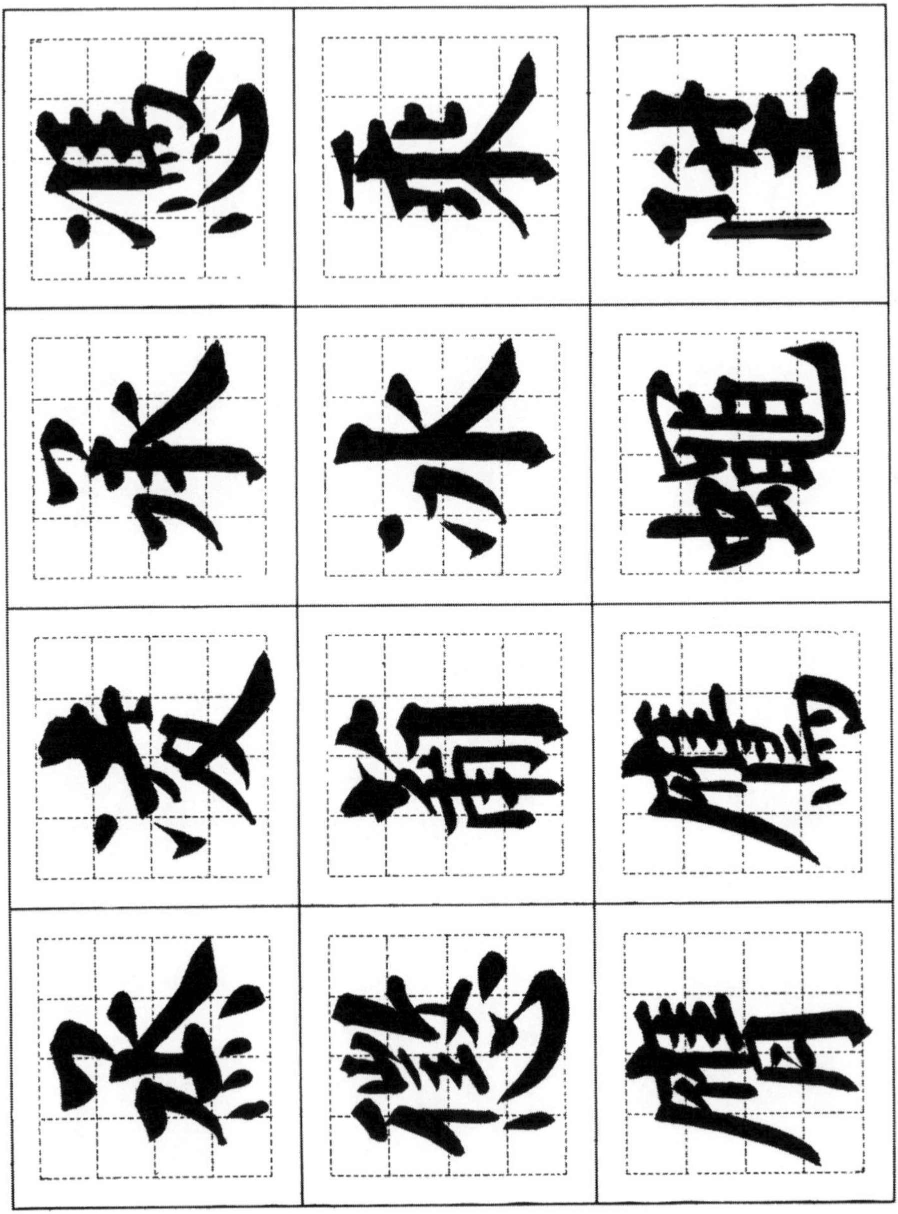

昇 繩 勝

應 升 仍

兢 矜 徵

凝 稱 興

登	曾	燈	鵬
僧	崩	層	琪
稜	增	朋	弘

燴騰藤憂

能謄恒留

肱優郵流

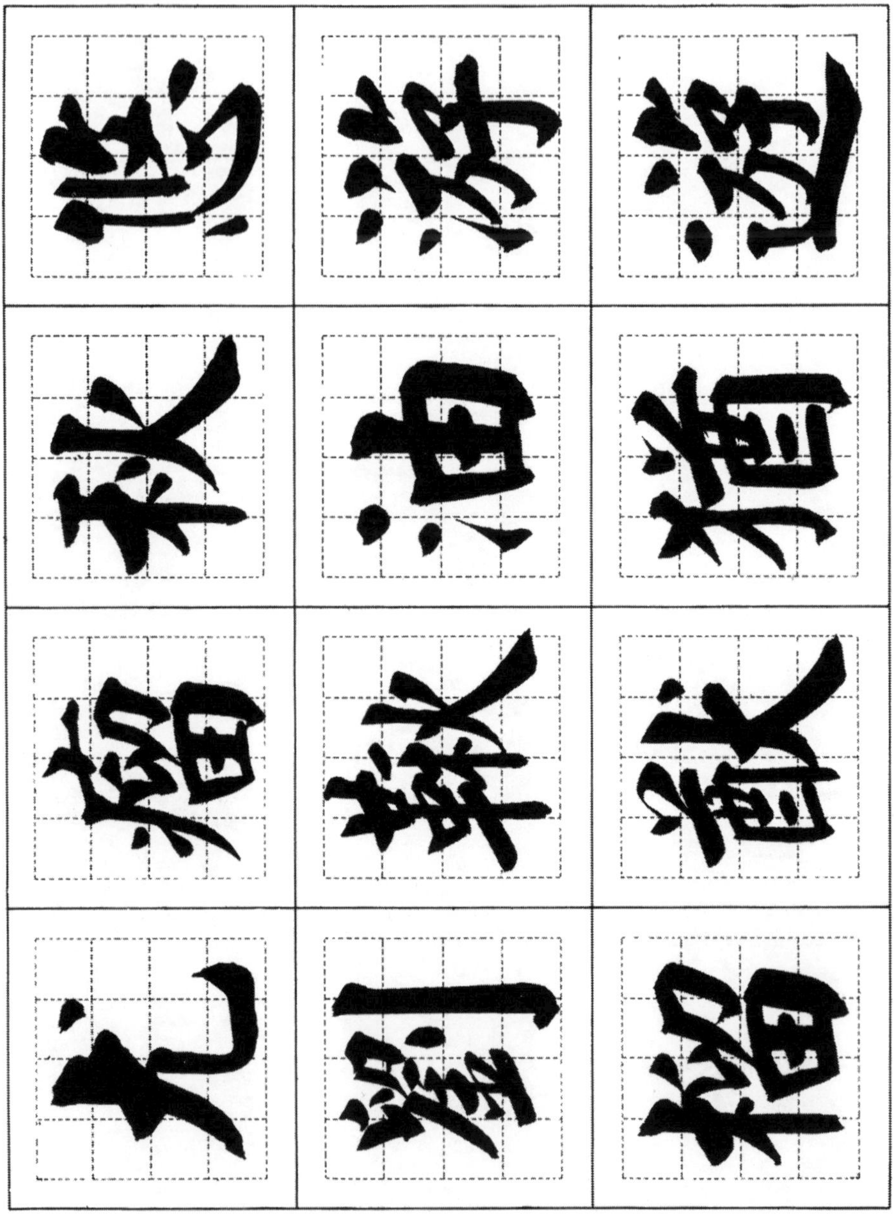

丘	酬	鳩	不
州	蹂	邱	愁
仇	搜	鄒	休

囚	傳	求	年
躊	播	浮	畔
稠	裘	謀	矛

球	侯	梧	鈎
謳	樓	頭	溝
歐	偷	投	兜

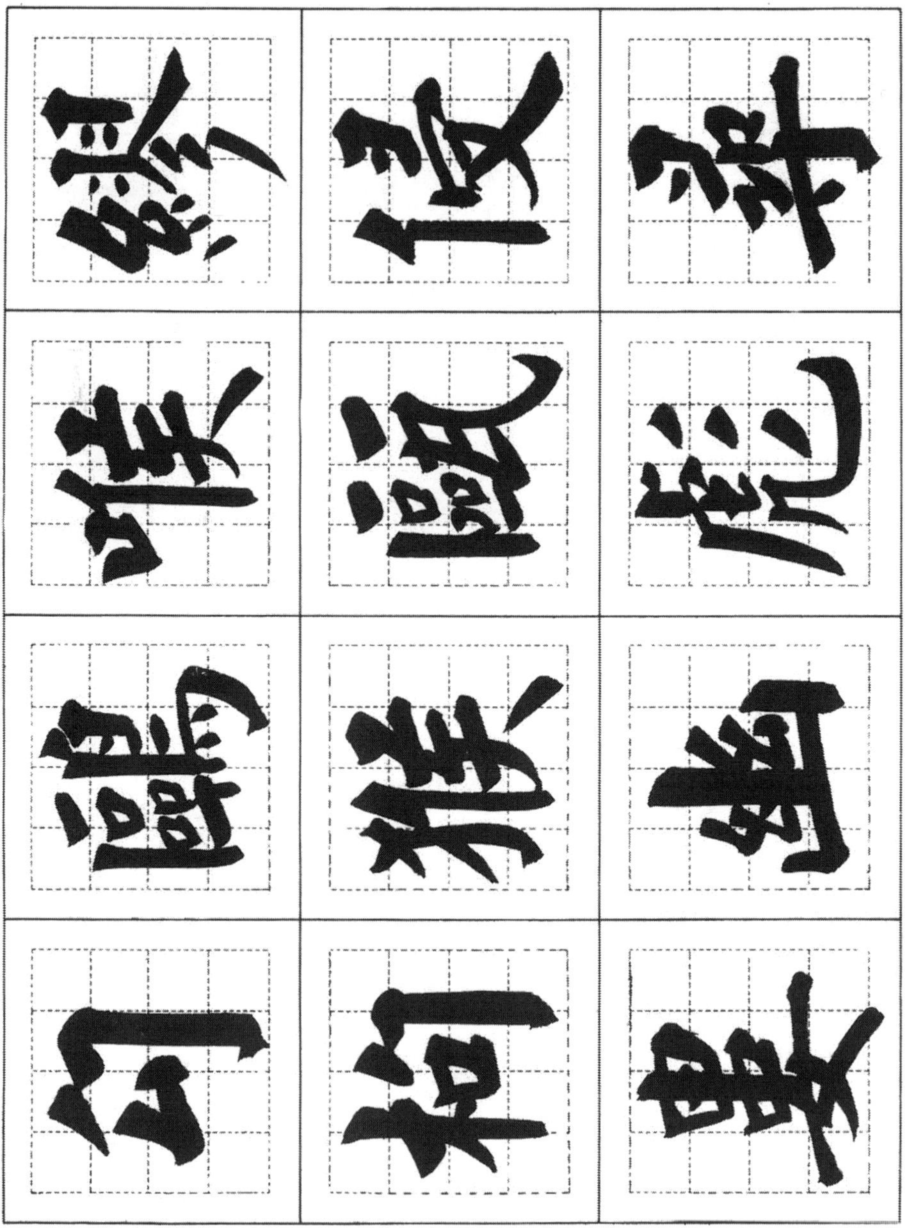

林	霖	淋	枕
臨	針	沈	淫
斟	沉	任	琴

今	蔘	森	覃
音	南	男	庵
陰	潭	菴	含

函	探	婪	戡
嵐	貪	簪	毿
蠶	涵	堪	淦

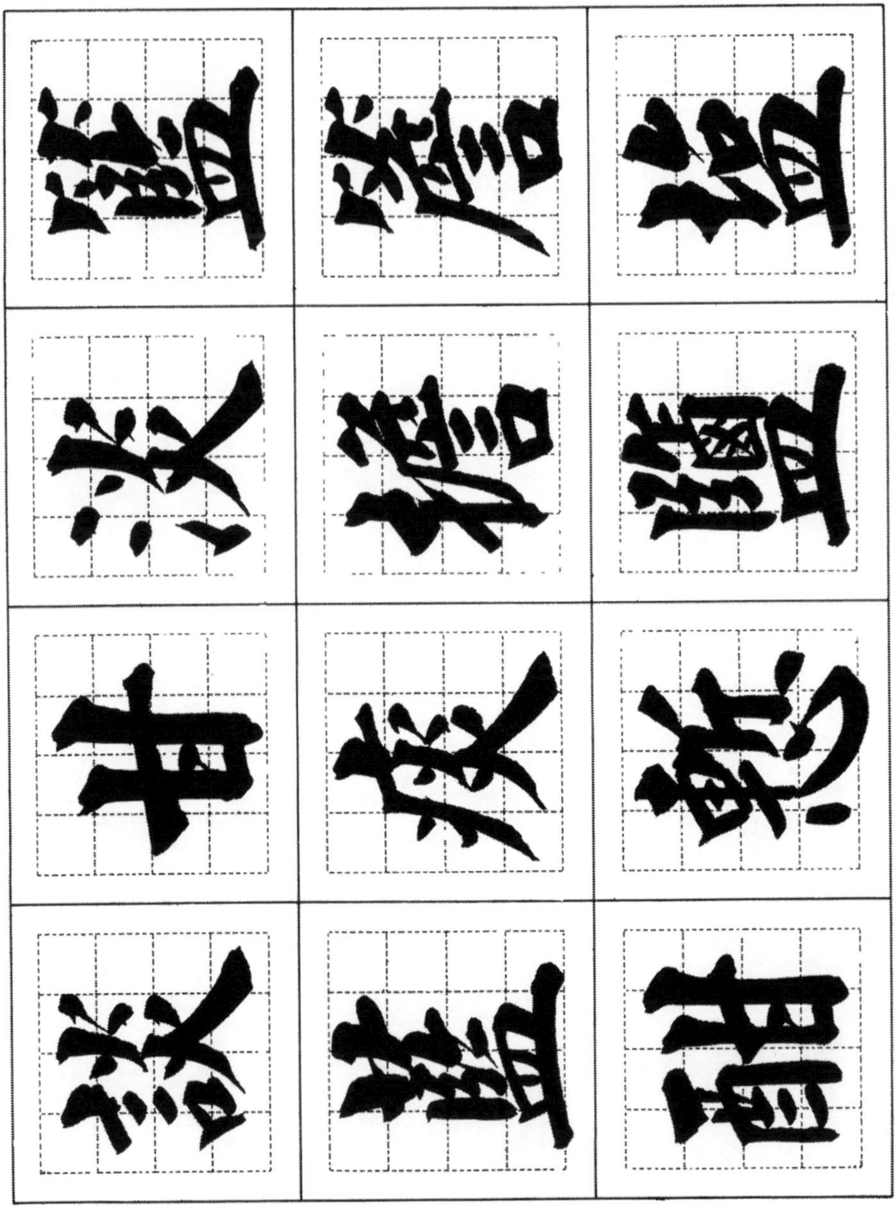

炎	漸	添	謙
黏	粘	估	咸
尖	潛	甜	杉

兼	銜	玖	嚴
枯	巖	監	凡
岩	衫	炭	帆

擁	奉	拱	董
爰	勇	鞏	港
捧	恐	講	棒

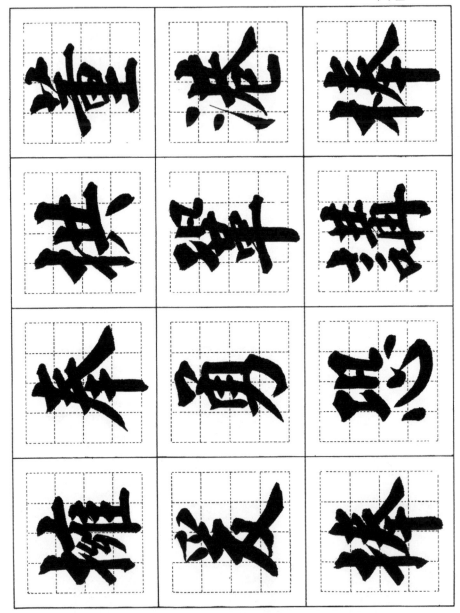

項	咫	作	椅
硃	抵	飡	蟻
只	是	倚	慫

彼	劇	砥	蛾
孔	蝦	詭	此
靡	佰	髓	刨

徙	邇	弛	捶
灑	婢	紫	件
俾	侈	豕	旨

几麂妣
鄙痞兕
捍詐美
爾指底

癸	址	紀	己
否	市	恃	祀
止	喜	以	似

汜	使	李	擬
史	里	卡	齒
耳	鯉	梓	恥

仕子尾
杞士俟
始痔起
理裏駛

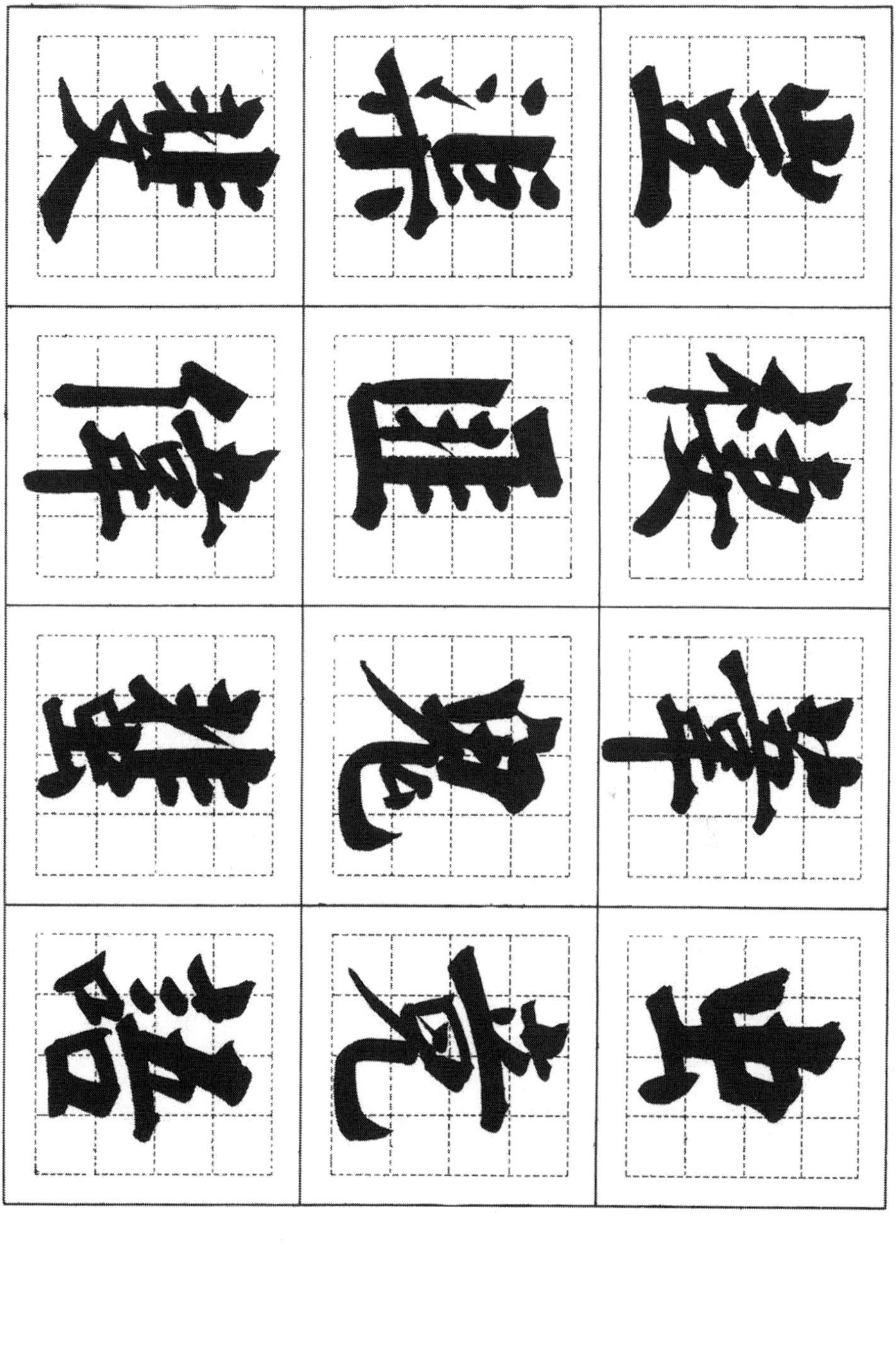

禦	呂	爻	暑
侶	苧	与	鼠
旅	綾	煮	黍

褚	募	女	楚
貯	胥	拒	巨
處	許	所	阻

擎	敘	去	墅
礎	序	微	禹
莒	緒	羽	雨

宇	聚	斧	鵡
寓	脯	舞	柱
甫	府	武	腑

愈	樹	乳	取
腐	主	矩	土
豎	迂	數	媽

杜 虜 古 鼓

魯 肚 賭 鈷

滷 堵 股 賈

五	午	組	苦
簿	粗	伍	努
部	虎	塢	祜

蟹解買
祭米陛
遞洒啟
體郎孝

罷	夥	磊	罪
矮	楷	蕾	腿
闢	賄	儡	匯

痱	海	載	改
傀	凱	待	怠
琟	宰	乃	亥

采	在	軫	刹
彩	倍	臀	綵
等	菇	忍	疹

隕準們
引憫敏
盡菌窘
採診緊

准	筍	盾	憤
允	笋	吻	粉
尹	蠢	剖	你

隱	槿	逵	云
擲	阮	晚	挽
究	偃	娩	阪

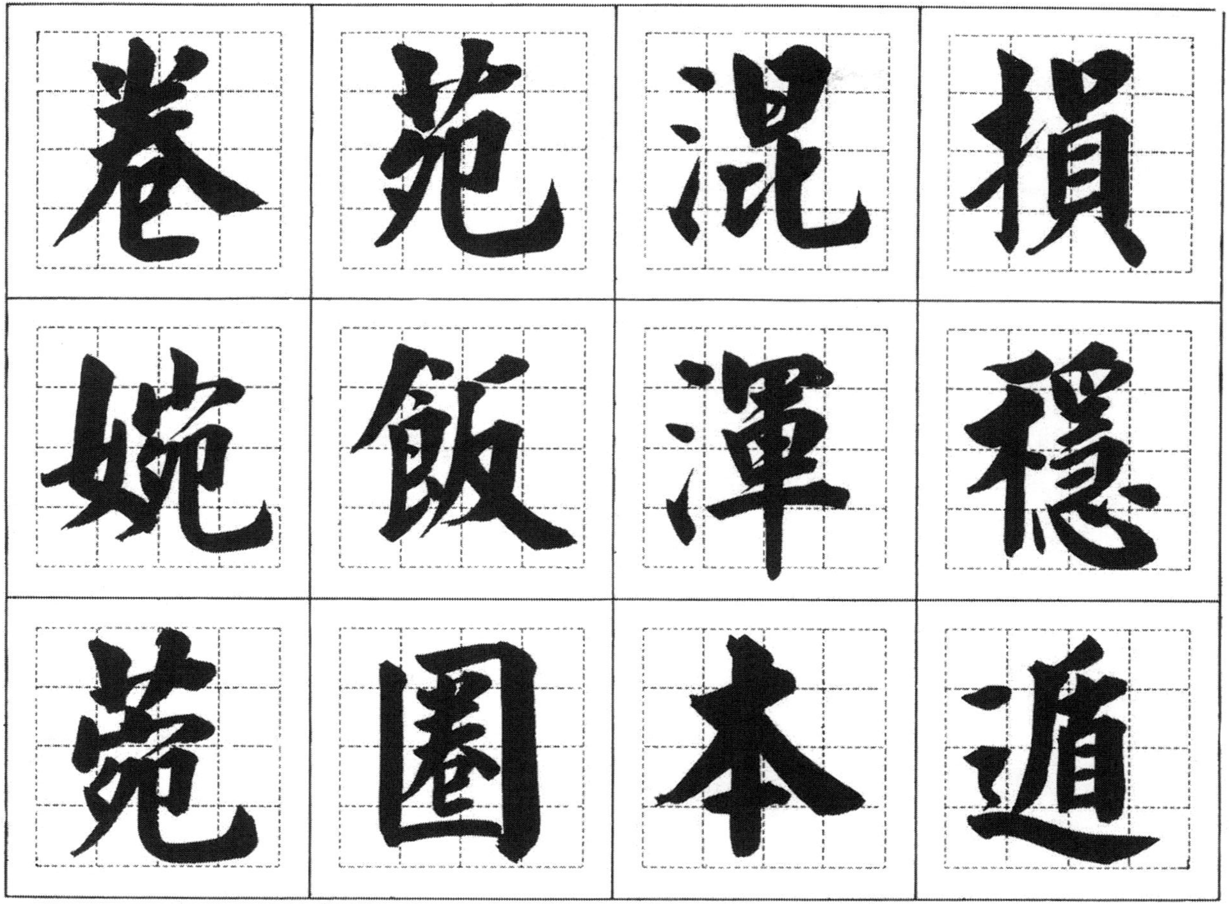
卷 苑 混 損
婉 飯 渾 穩
菀 圈 本 遁

很 懇 佑 誕

墾 坍 研 緩

旱 傘 嬾 卯

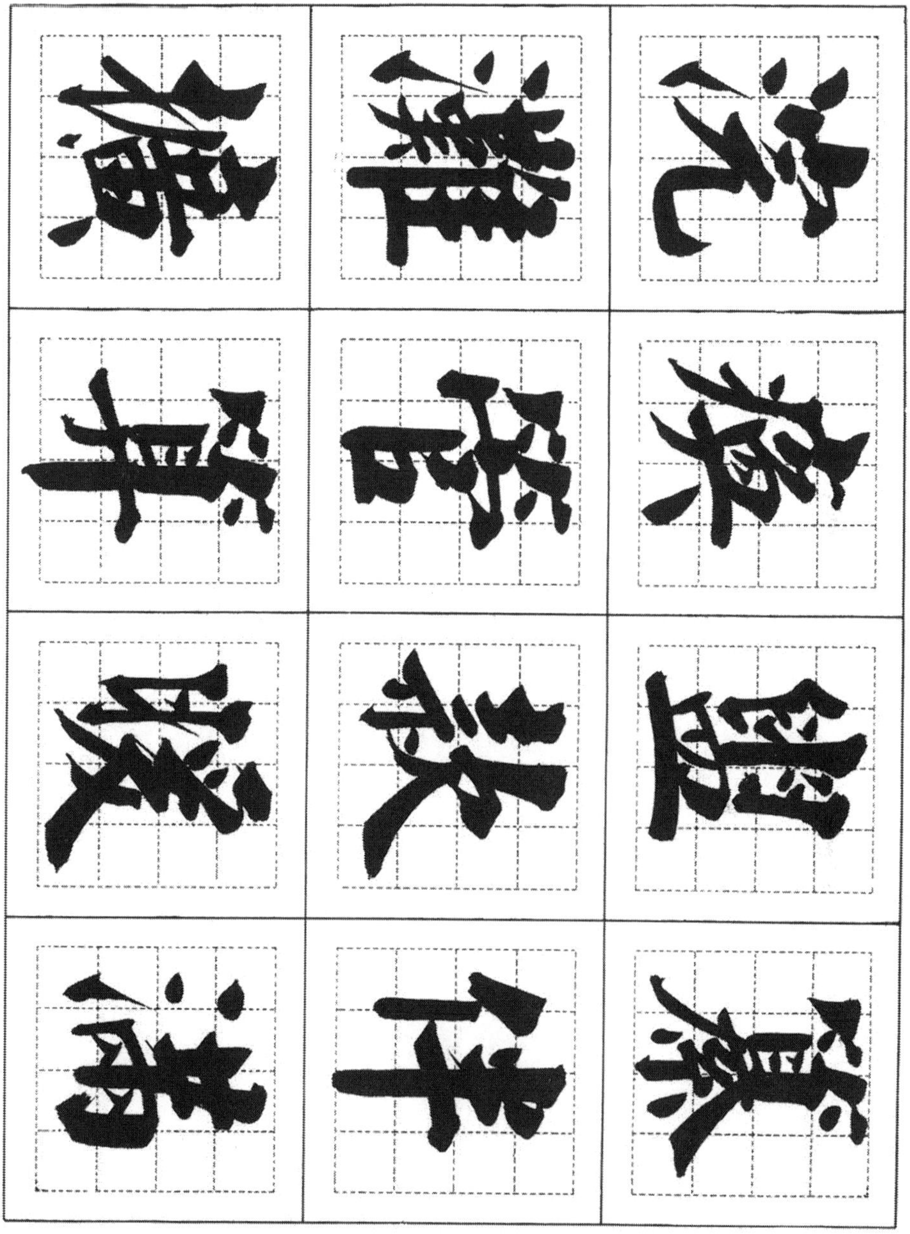

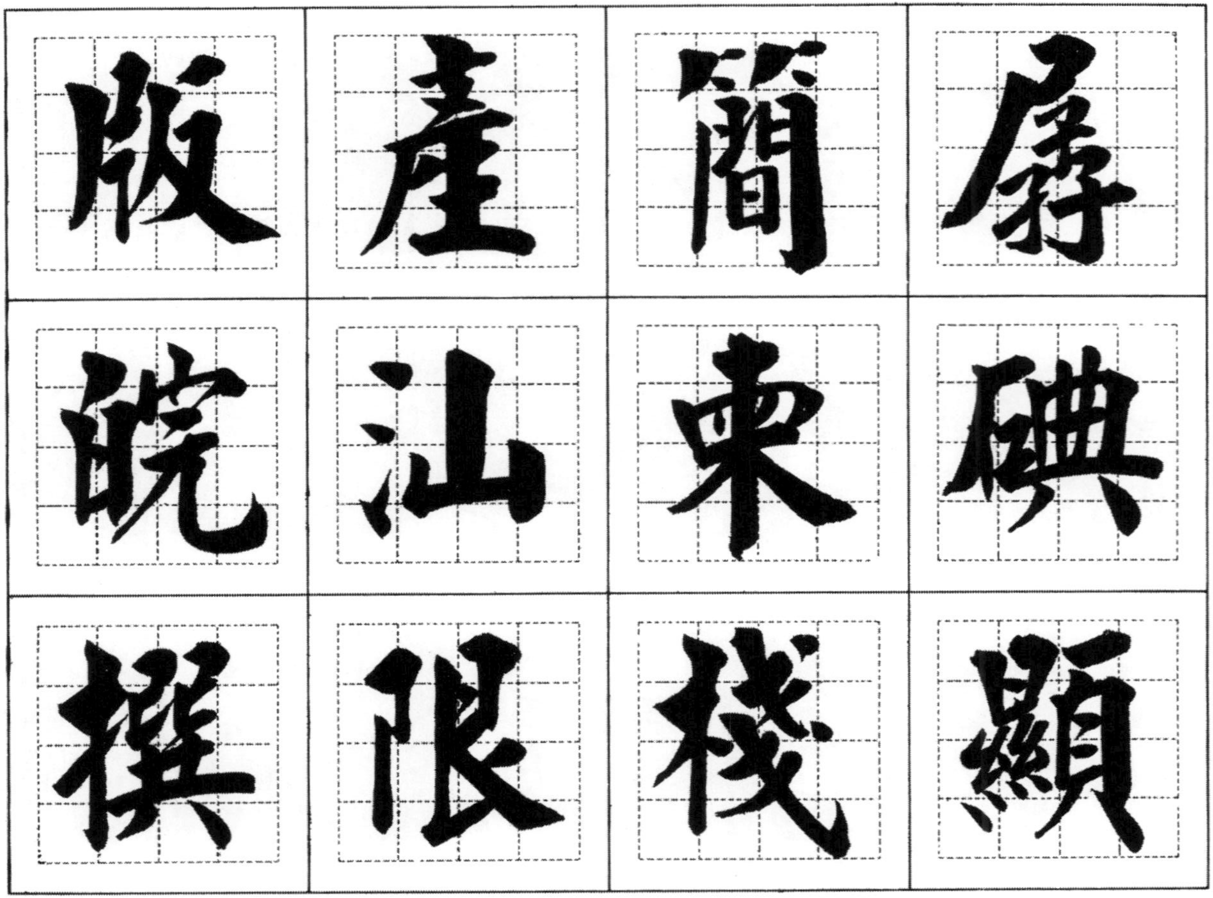
孱
碘
顯
簡
柬
棧
産
汕
限
皈
皖
撰

眼	板	扁	演
典	撚	犬	衍
峪	匾	癖	践

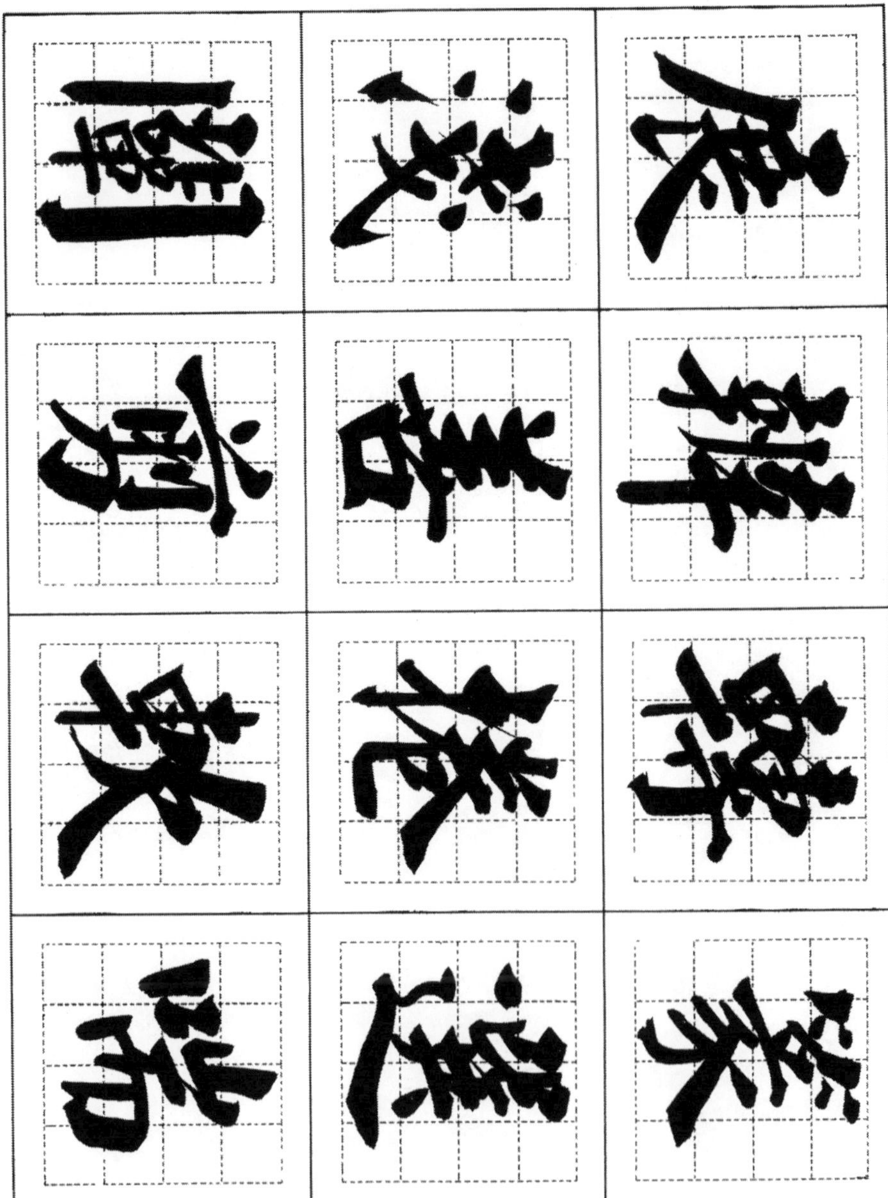

免	皎	小	趙
勉	鳥	兆	少
冕	了	肇	擾

淼	表	狡	老
紹	巧	爪	道
矯	卯	浩	稻

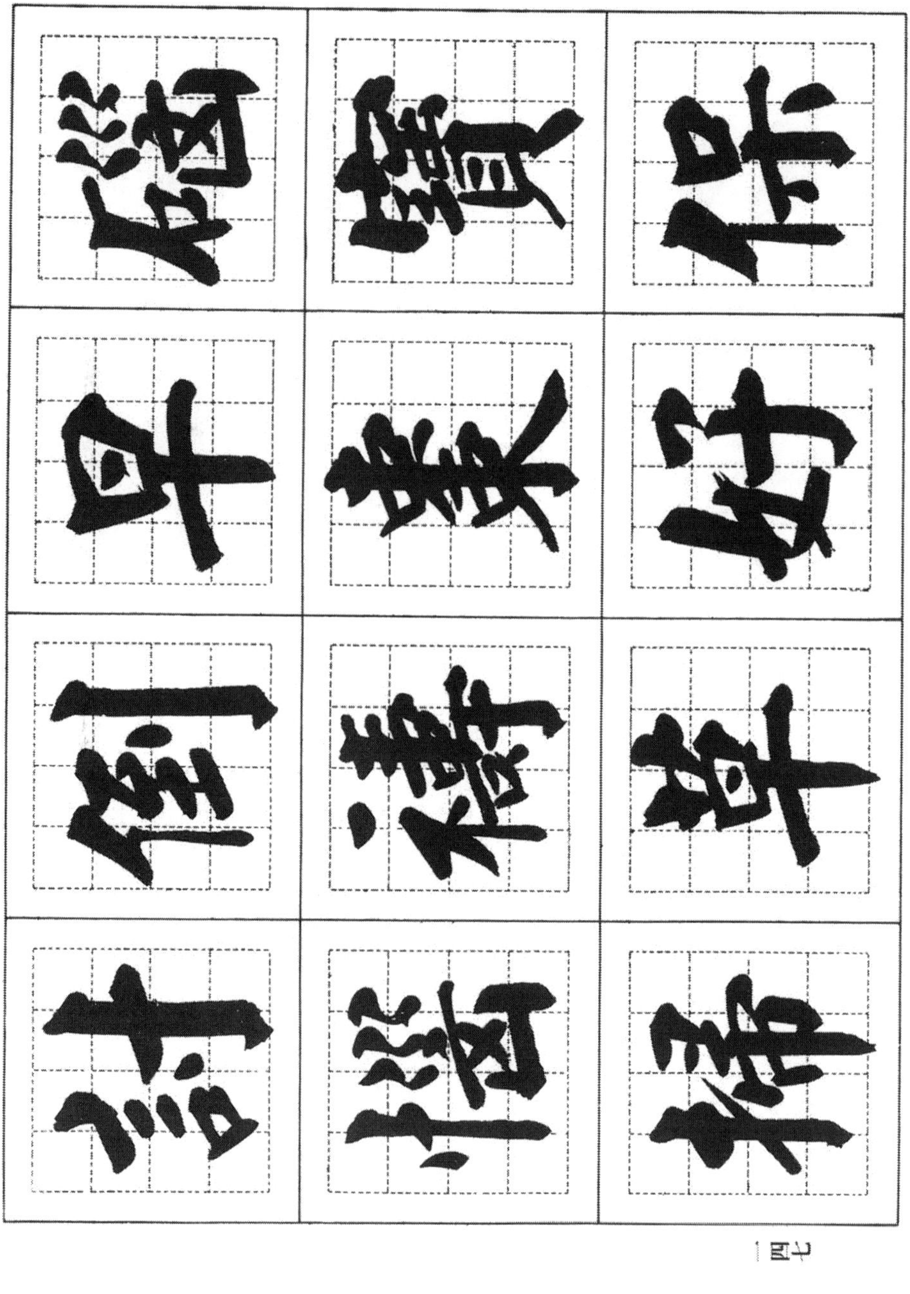

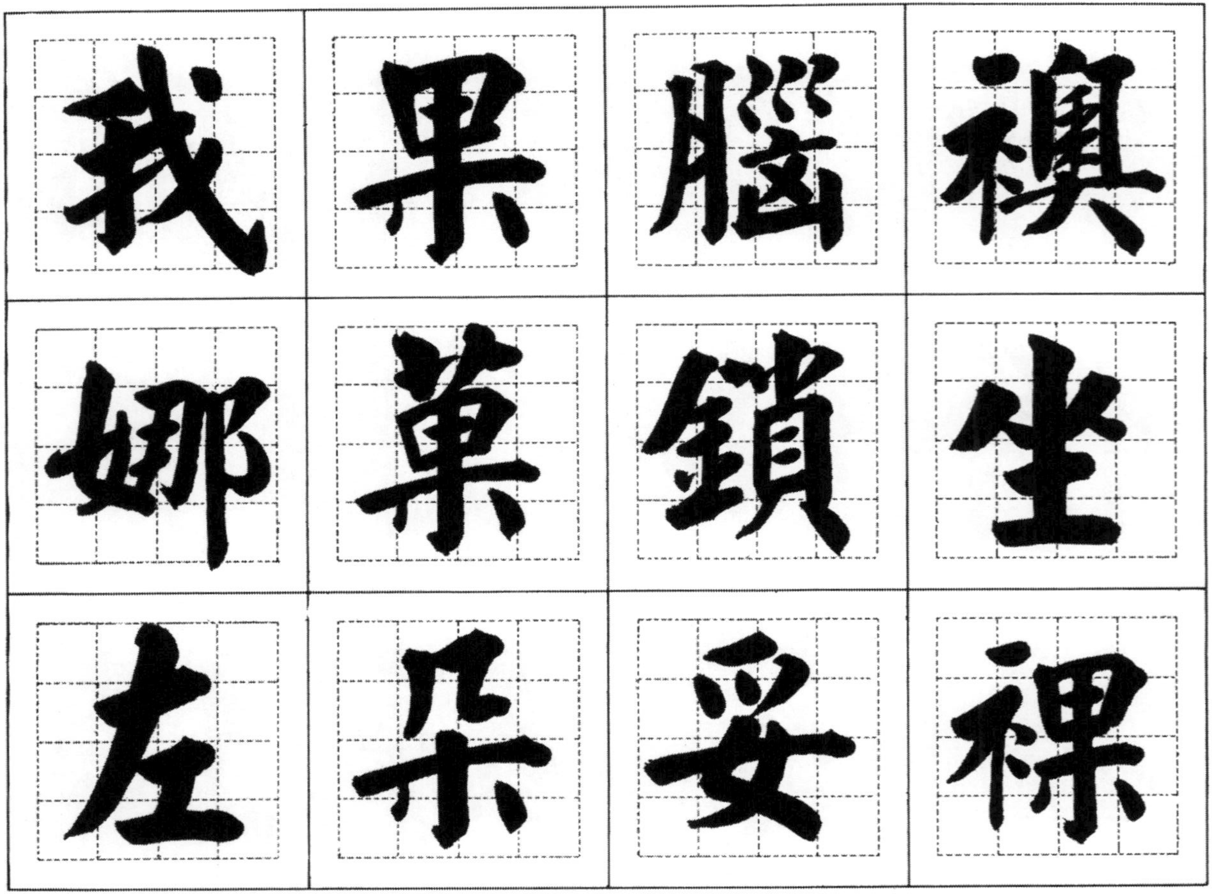
襖
坐
裸
腦
鎖
妥
果
菓
朵
我
娜
左

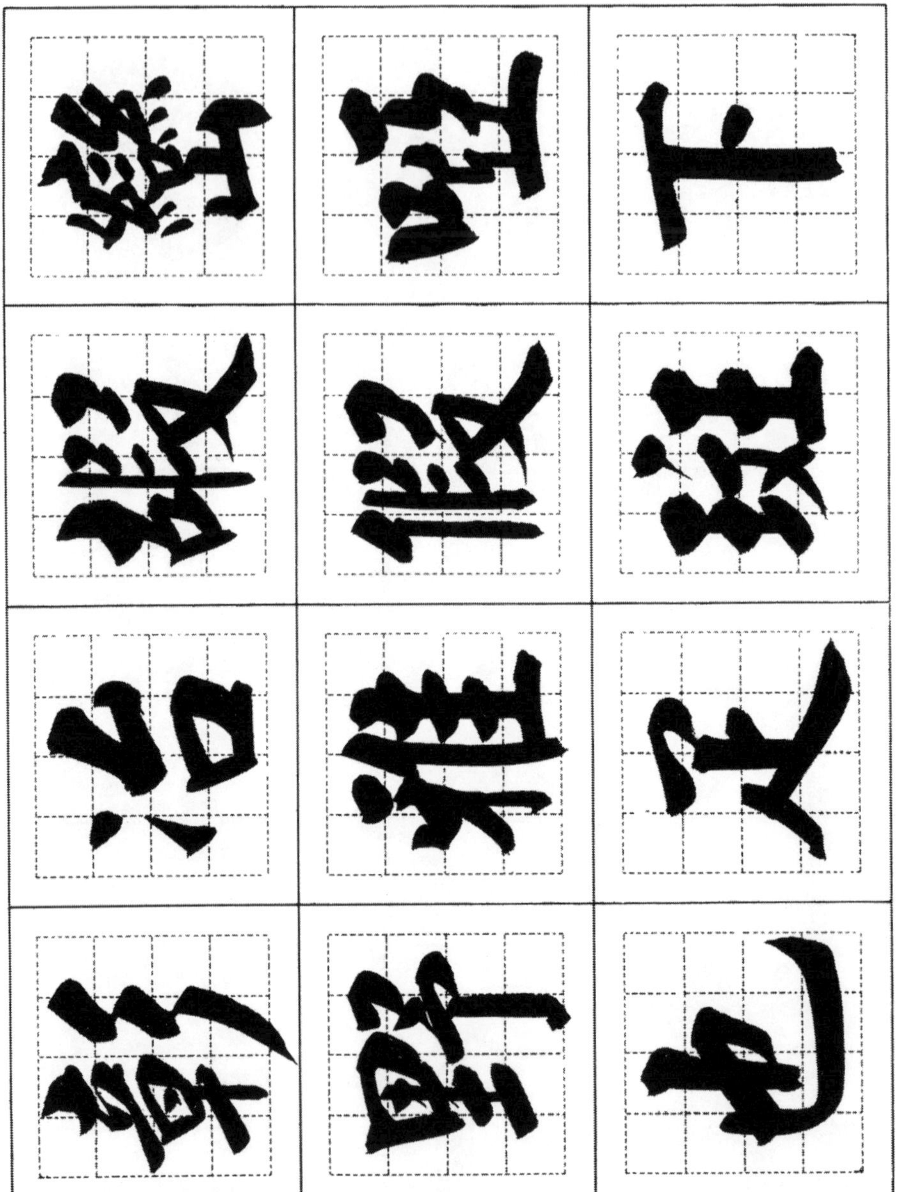

夏	捨	把	挂
寫	姐	舍	瓦
社	廈	踝	寡

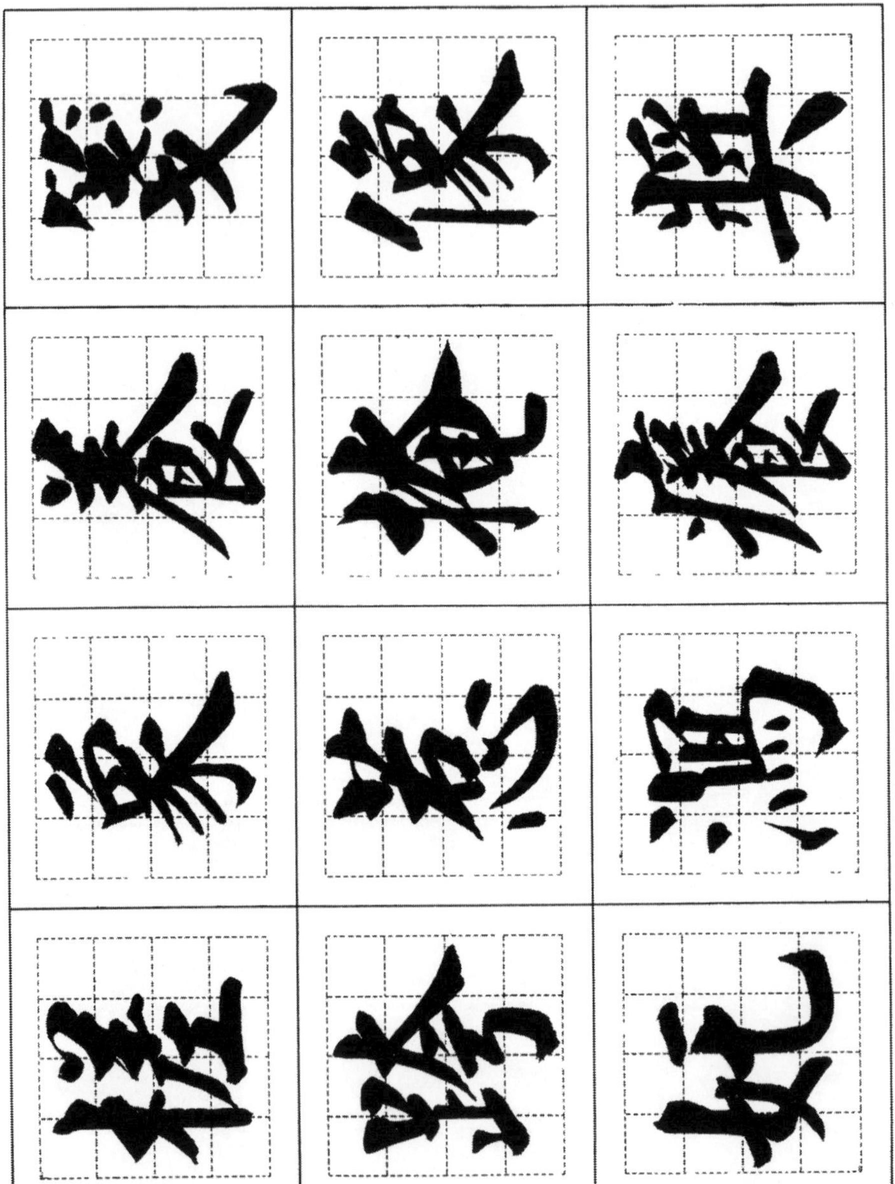

雨	仰	想	響
槳	痺	掌	享
島	愴	爽	敞

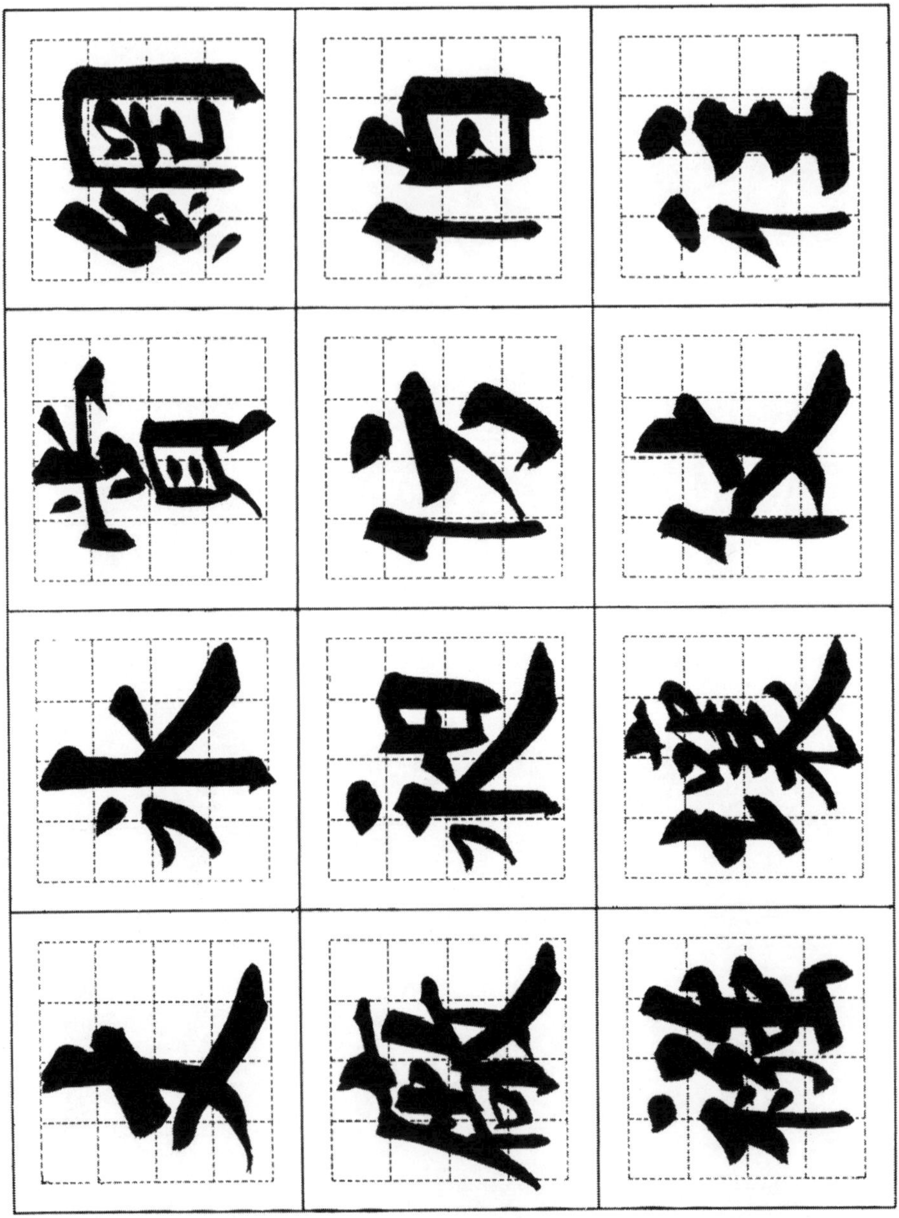

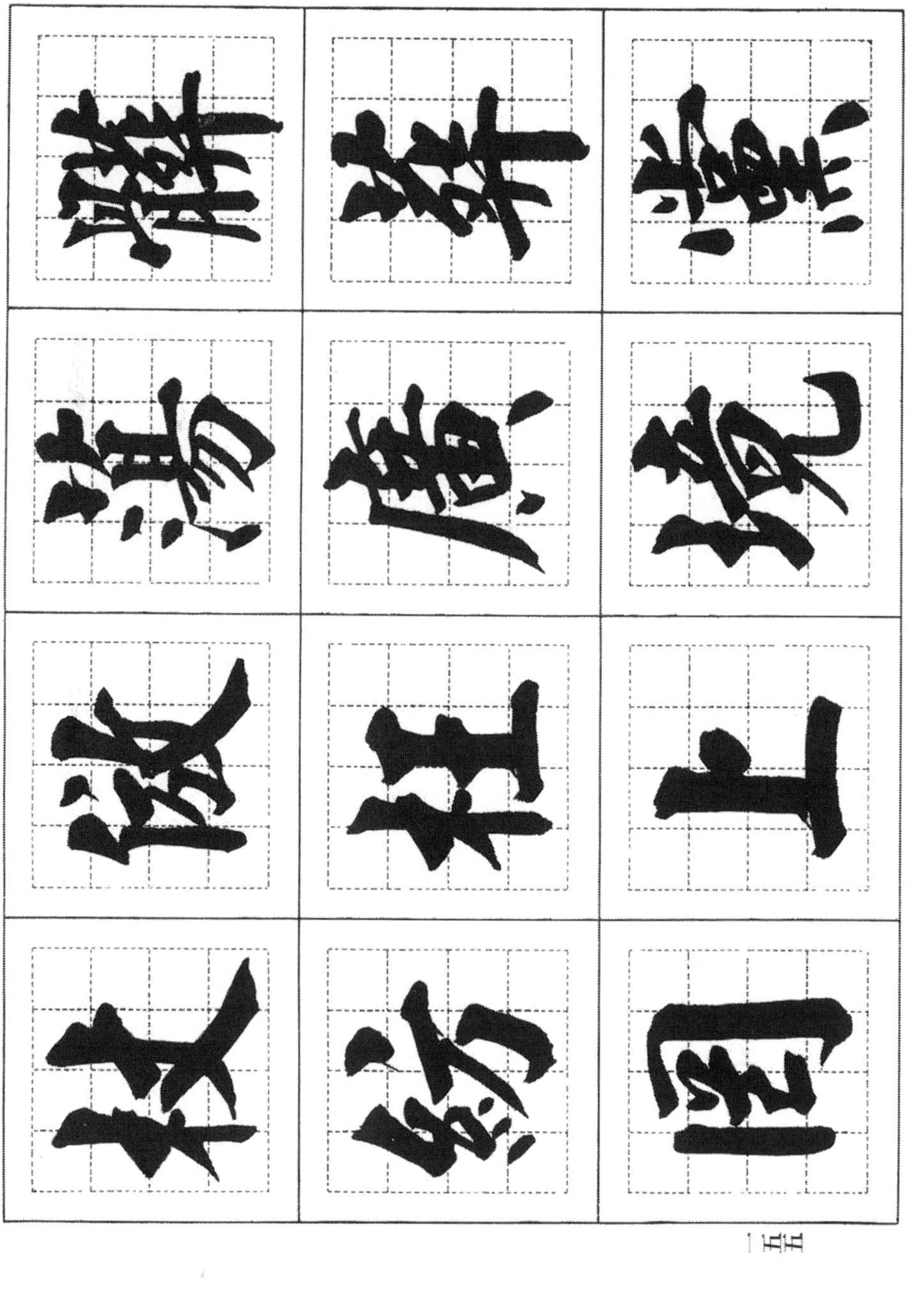

榔	梗	炳	影
謹	丙	警	省
映	秉	景	永

猛	礦	檸	幸
杏	打	耿	靜
皿	返	黽	靖

登	鑛	嶺	灶
逞	郢	頻	井
穎	領	餅	頃

煥 茗 梃 洗

請 頂 每 醒

烱 鼎 霆 並

艇	有	右	丑
拯	肯	柳	肘
証	友	紐	朽

九	韭	醜	着
久	手	負	缶
首	守	阜	妙

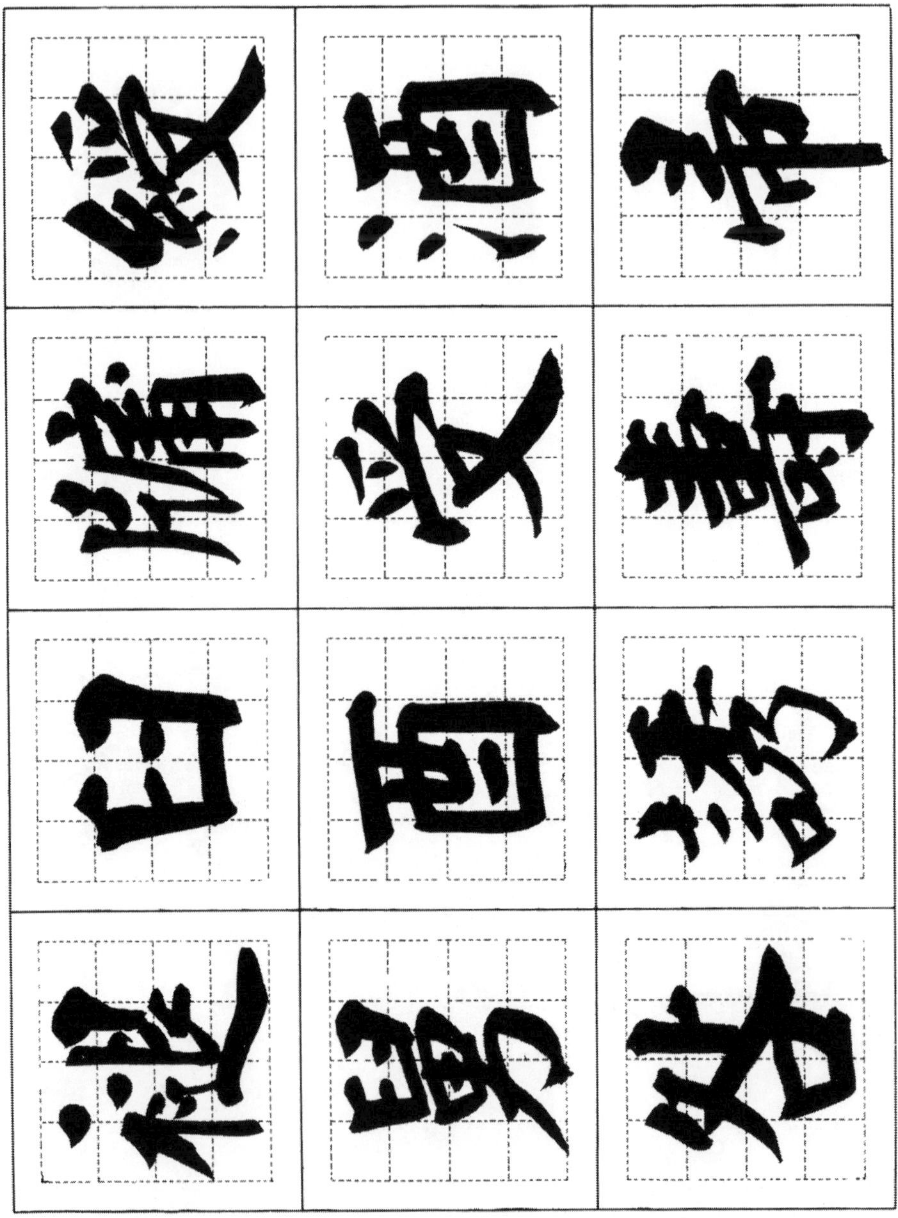

厚	母	畝	斗
炮	牡	既	苟
后	某	婦	柑

寝 叁 況 釦

飪 審 飲 糾

稔 派 品 搬

感	敢	斂	揜
贛	攬	橄	覽
撼	膽	蛋	險

貶	染	奄	黠
儉	陜	截	簟
他	閃	忝	歉

減	斬	艦	范
湛	礁	範	濫
鹼	檻	鳳	犯

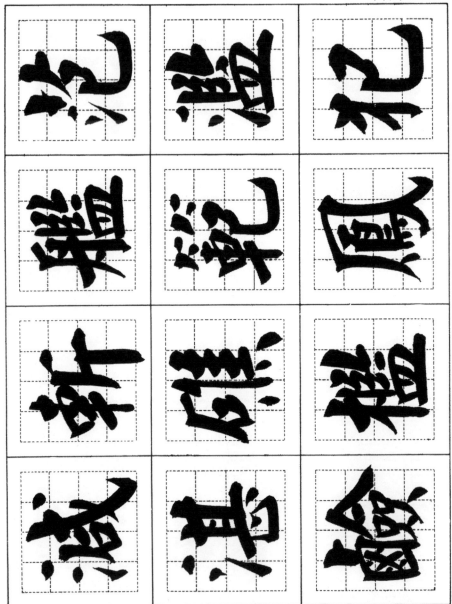

送 弄 糉 俘

貢 捌 粽 筒

皋 控 甕 仲

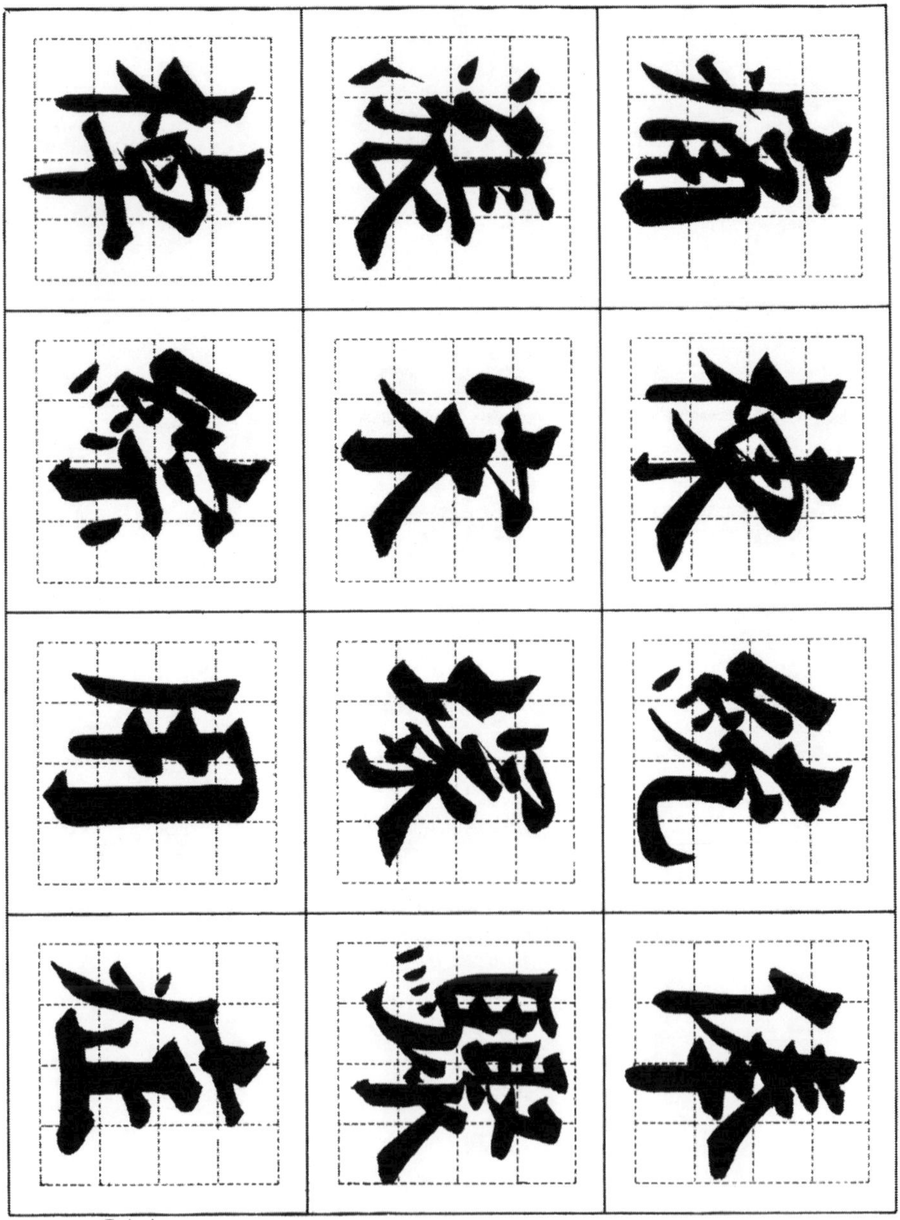

巷	避	積	累
術	荔	賜	寄
伎	致	被	臂

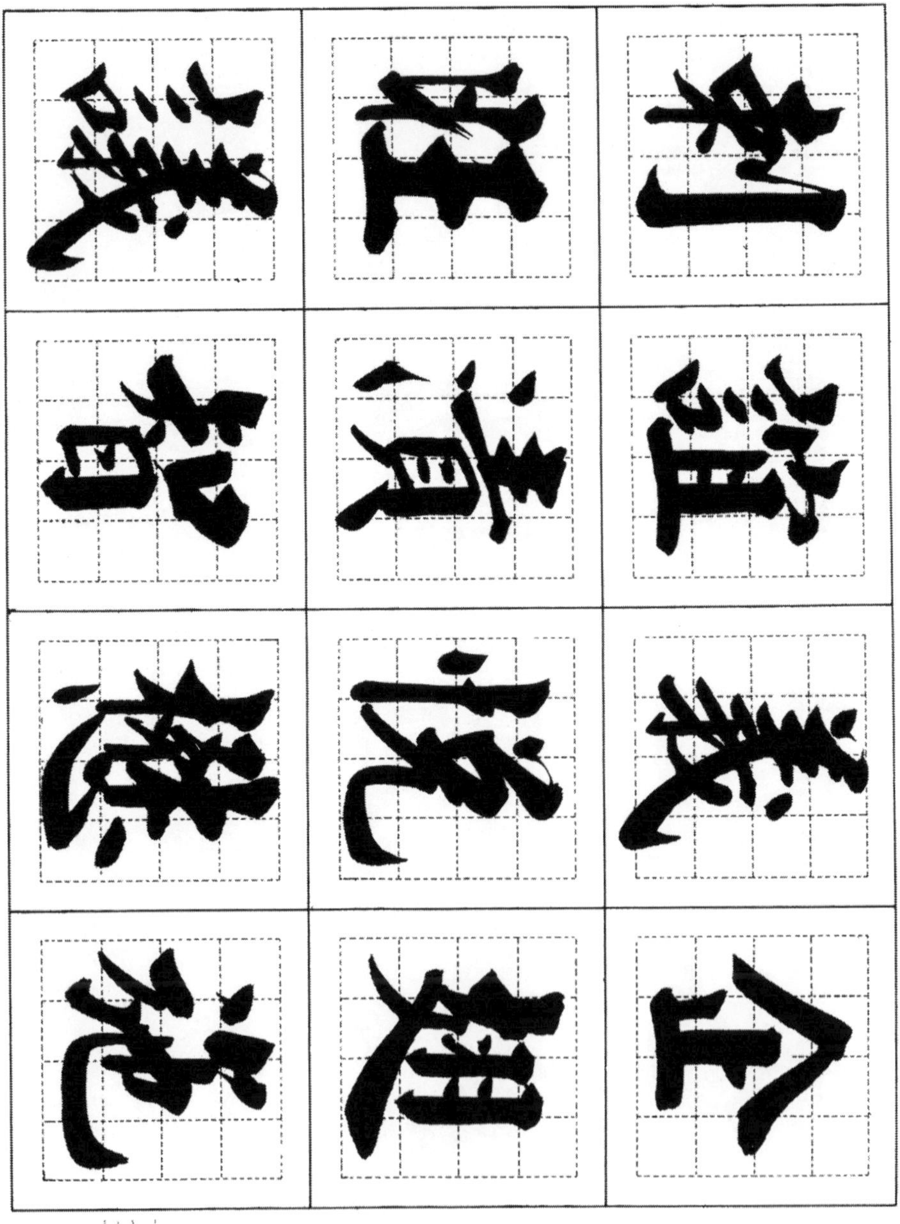

曬 瑞 醉 淚

偽 至 粹 祕

毀 位 類 秘

備帥率
費餽櫃
隧穗泌
睡遂彗

視	蒞	致	稚
汔	痢	棄	寐
嗜	膩	緻	冀

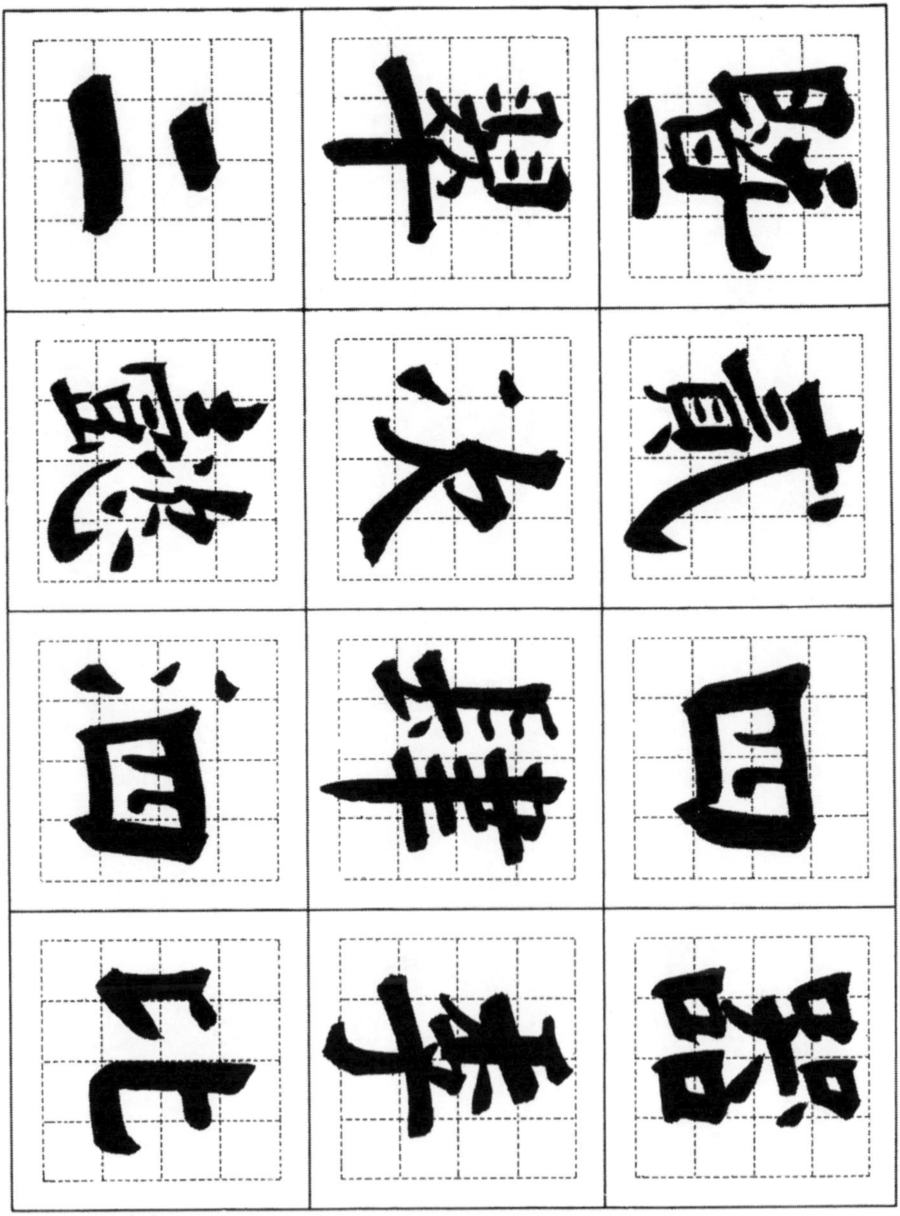

植	值	幸
識	誡	闕
事	闕	叟
兼	鉅	守

妮	畏	意	未
廁	置	記	貴
異	侍	嬉	胃

味	渭	慰	翡
謂	魏	卉	菲
緯	庇	精	氣

御 付 薯 肴

慮 署 庶 絮

據 搪 恕 助

注 句 戍

住 附 抬

獼 厲 豫

預 望 遇

裕務霧賦
孺懼辯註
赴具閒傅

妒兔碱

路療鷺

暮慕渡

搏娶屢

顧 固 故 曉

吐 露 誤 護

度 墓 悟 互

訴	怒	汙	錯
素	布	渝	怖
塑	悟	厝	禎

佈	庫	步	帝
醋	恤	哺	裨
措	捕	濟	剃

弟	替	隸	係
擠	第	計	繫
燙	悌	繼	系

契	慧	繪	祭
謎	惠	隸	歲
閑	桂	儷	衛

際	睿	幣	製
贅	綴	制	逝
脆	稅	噬	曳

誓 掣 滞 憩

泄 洩 厲 世

裔 藝 例 勢

害帶貝
藹丐奈
太蓋艾
勵洌泰

沛 膾 掛 怪

會 外 懈 壞

兑 賴 債 介

壓	搭	畫	屆
蔡	賣	界	械
獵	卦	戒	拜

配	對	碎	代
捷	幗	内	聶
誨	潰	輩	岱

袋	態	溉	戴
再	狭	礙	堡
賽	貸	愛	冲

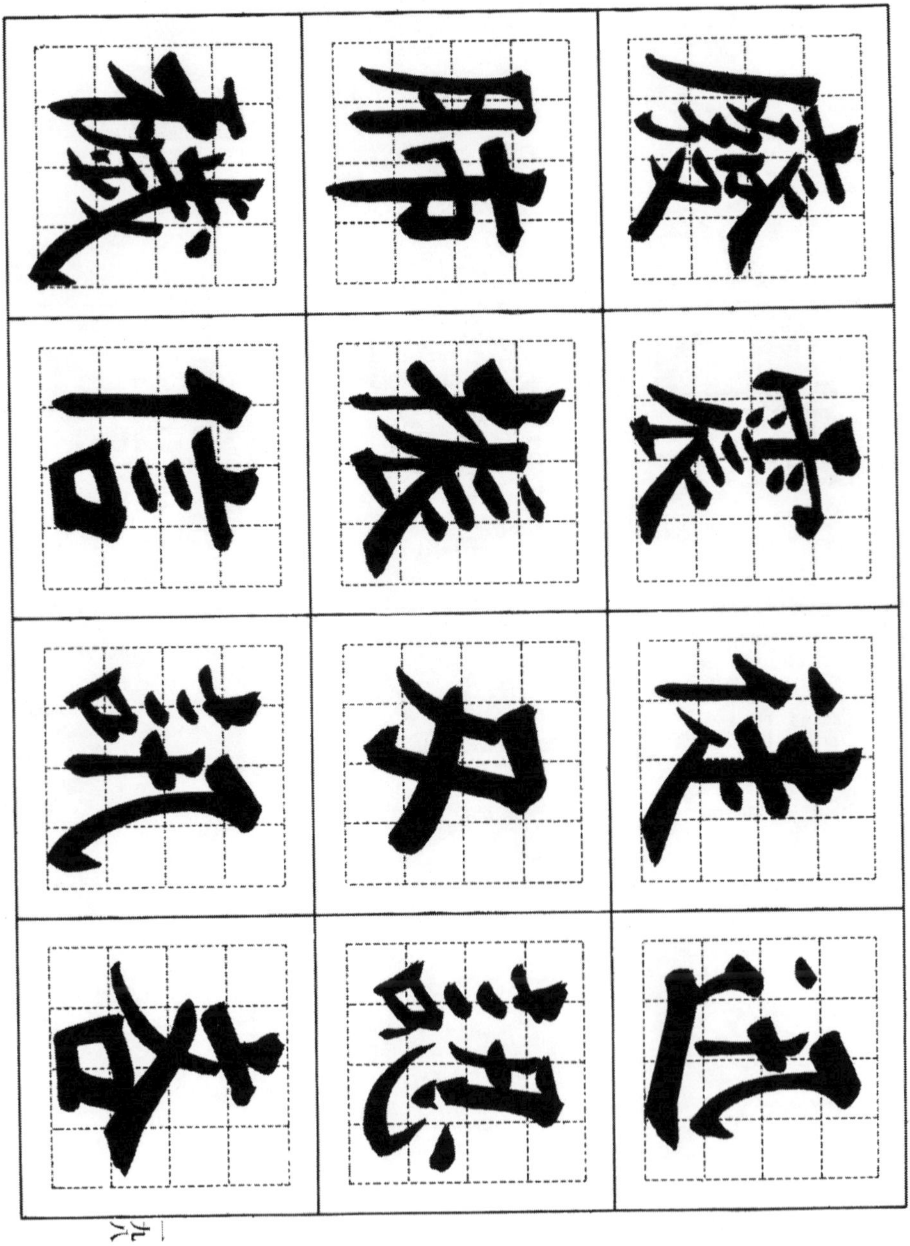

遴	慎	晋	僅
燐	陣	進	襯
殯	距	鎮	印

濬	駿	潤	訓
俊	閏	閒	韻
舜	順	運	冀

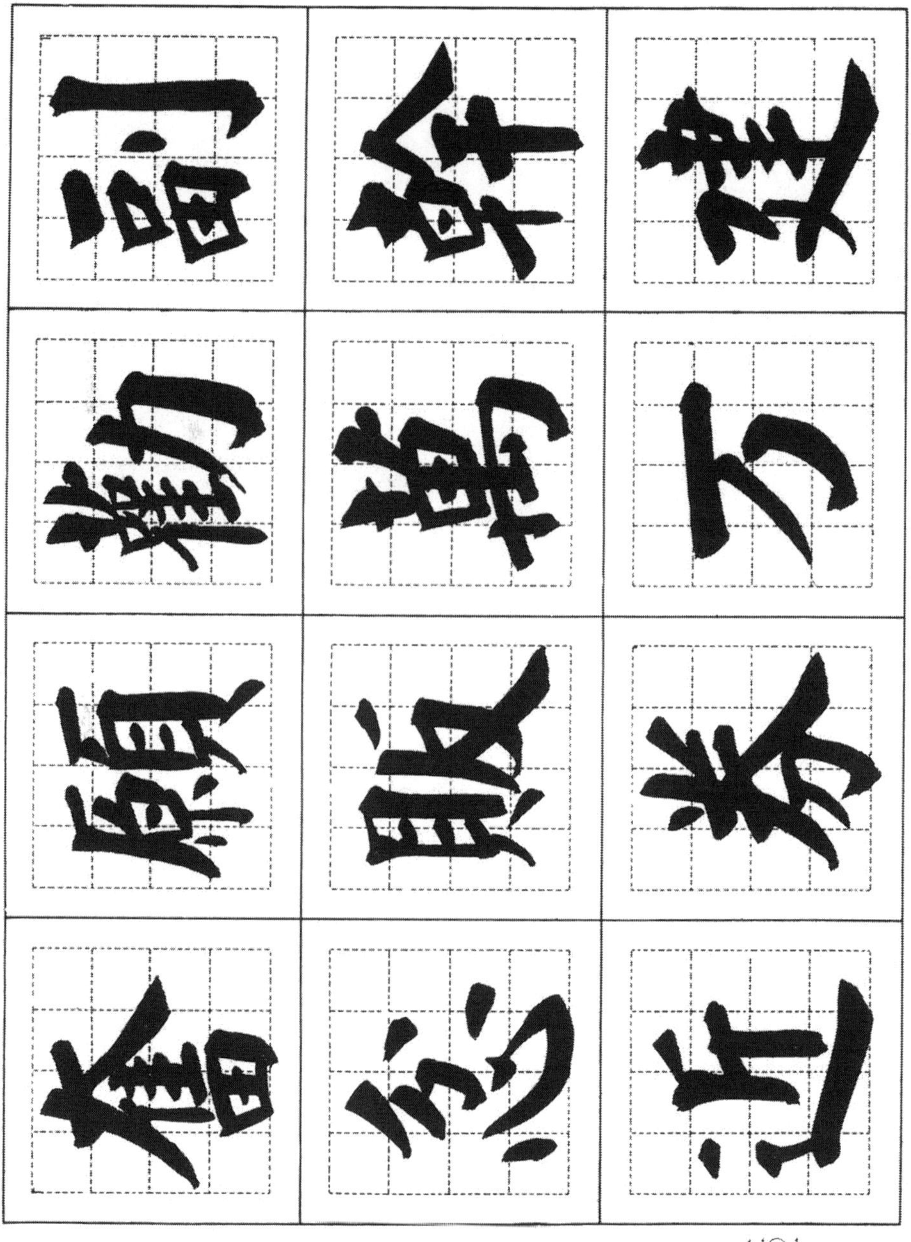

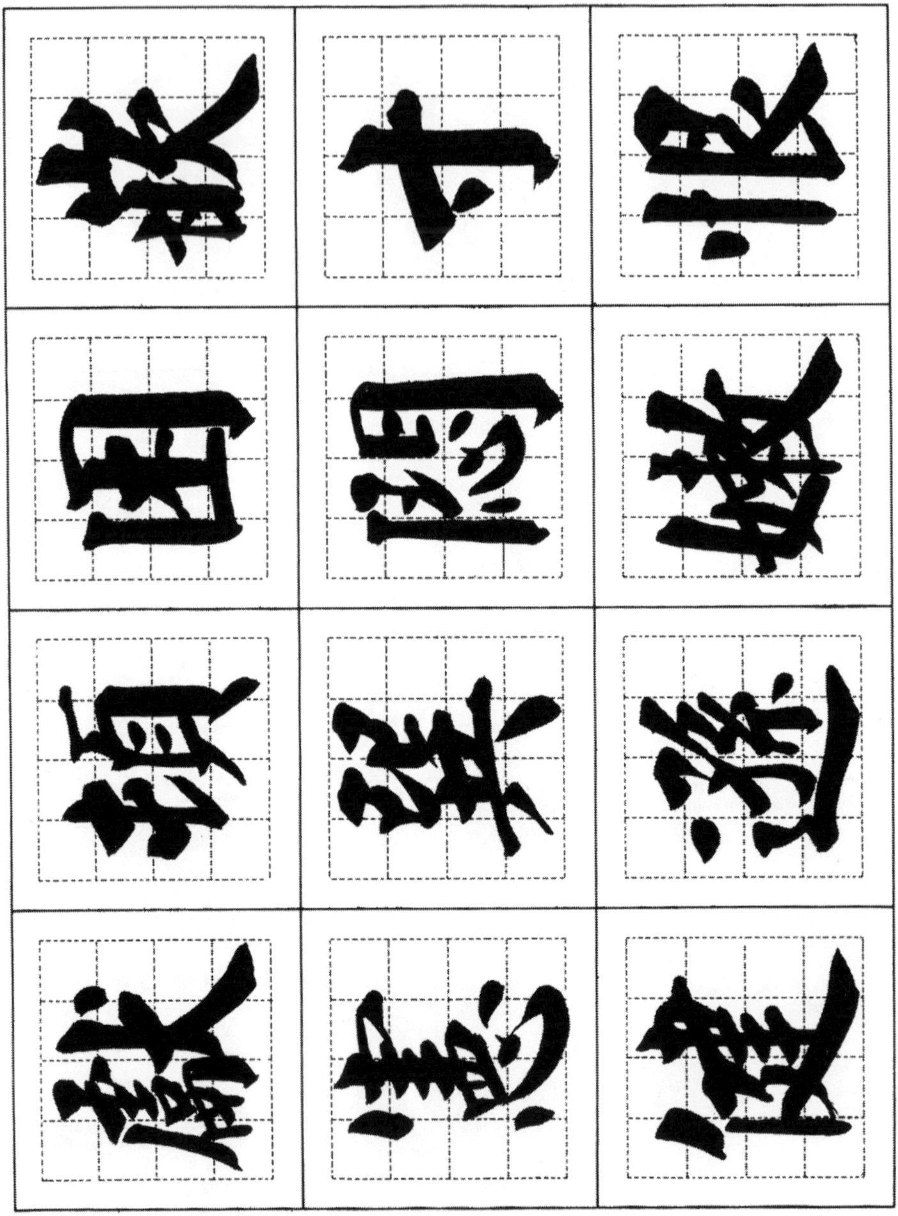

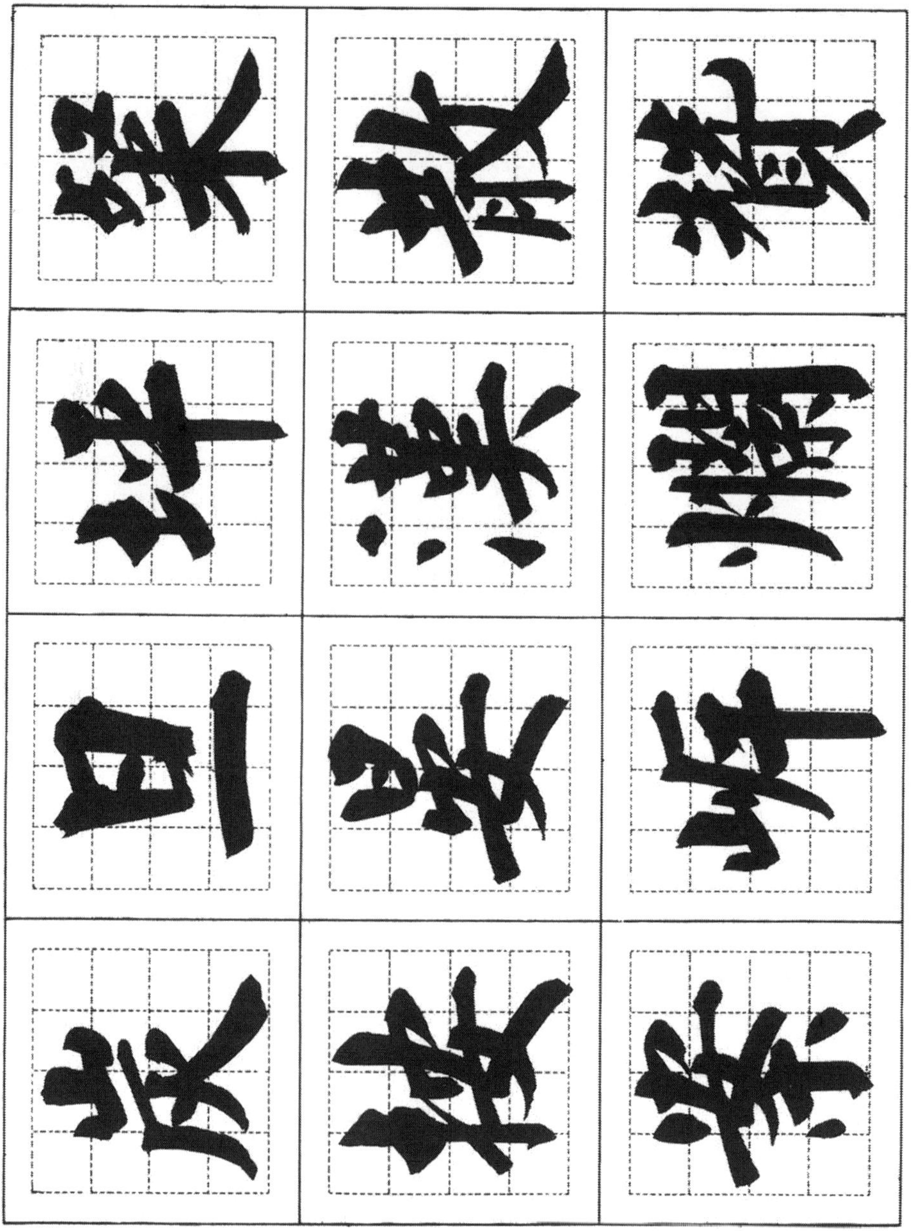

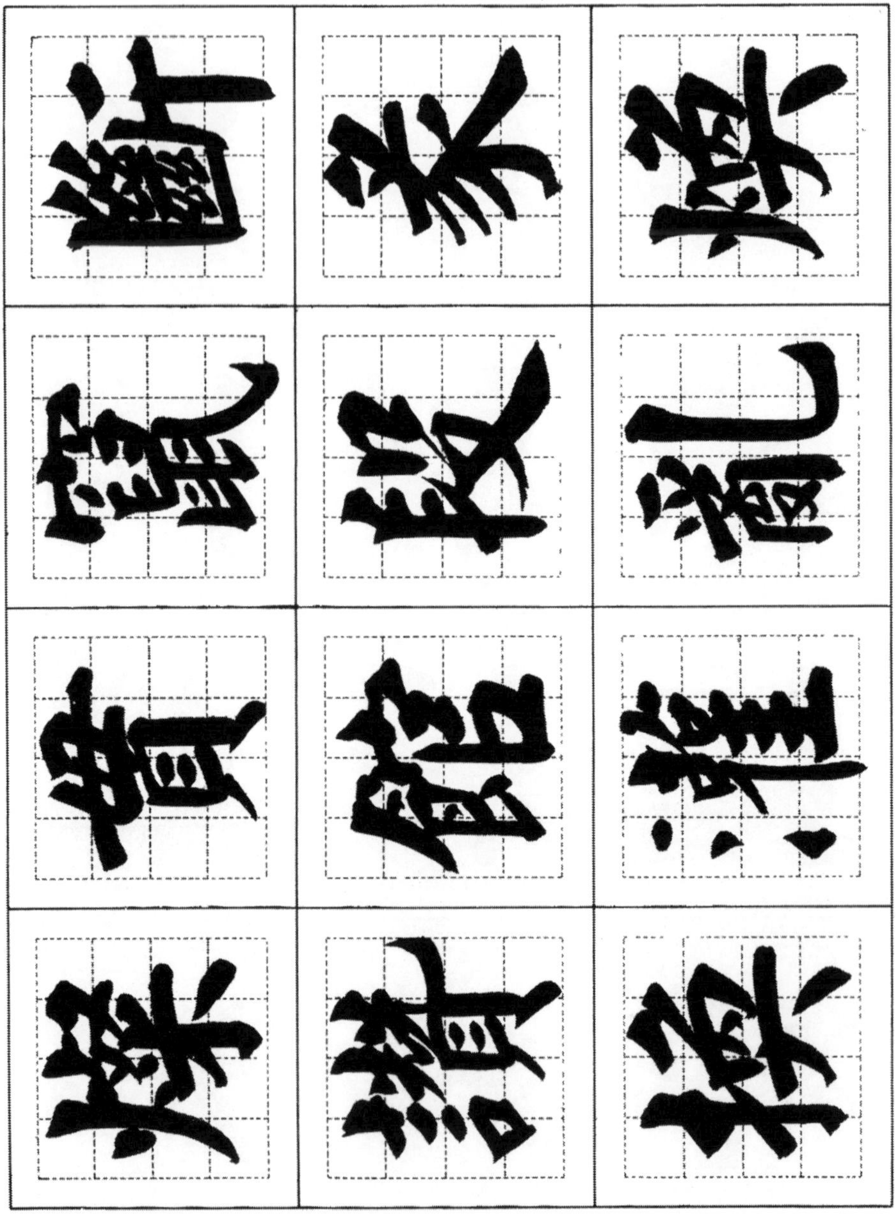

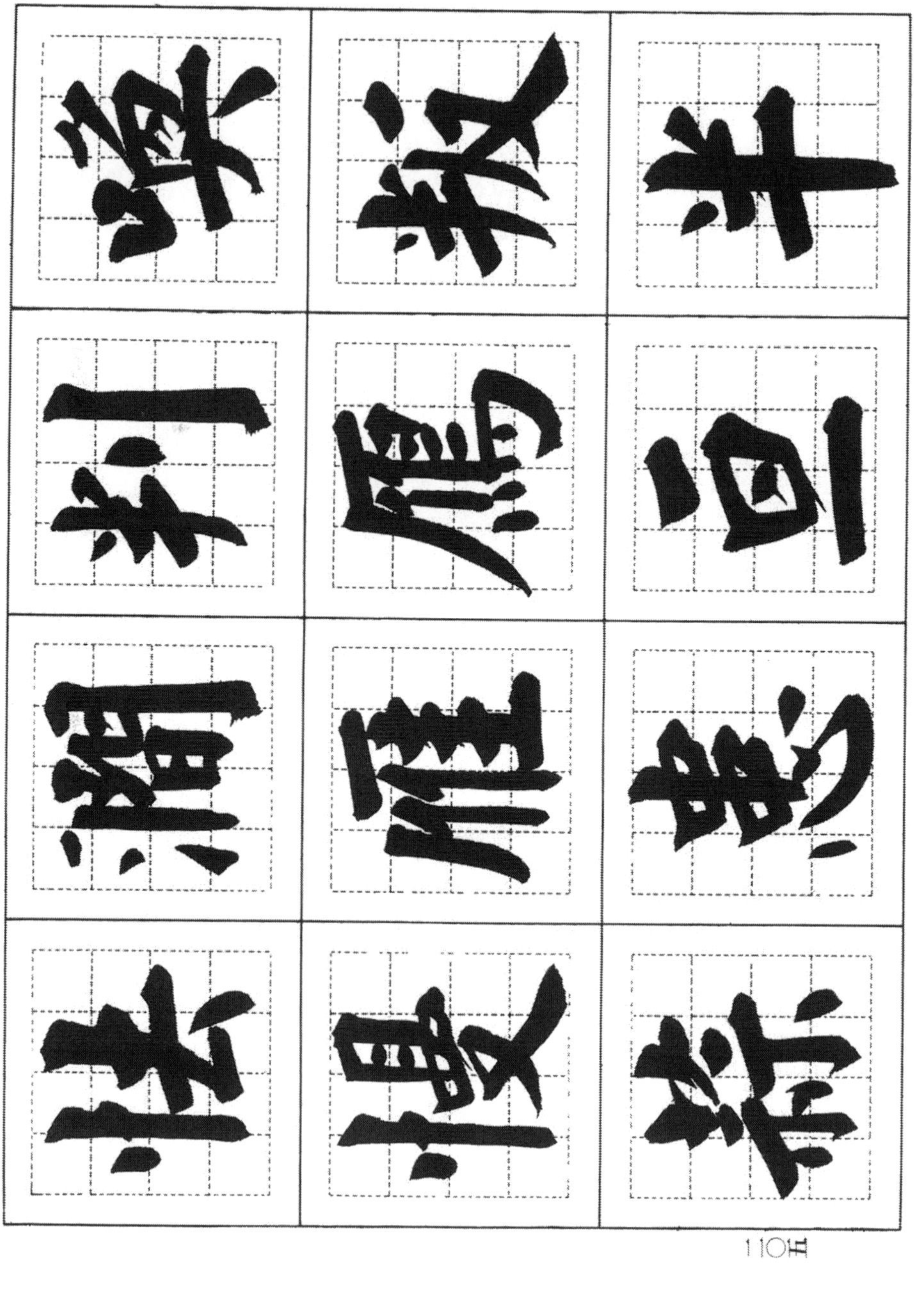

宦	涮	辦	倩
慣	祺	幻	瀫
串	禪	茁	奚

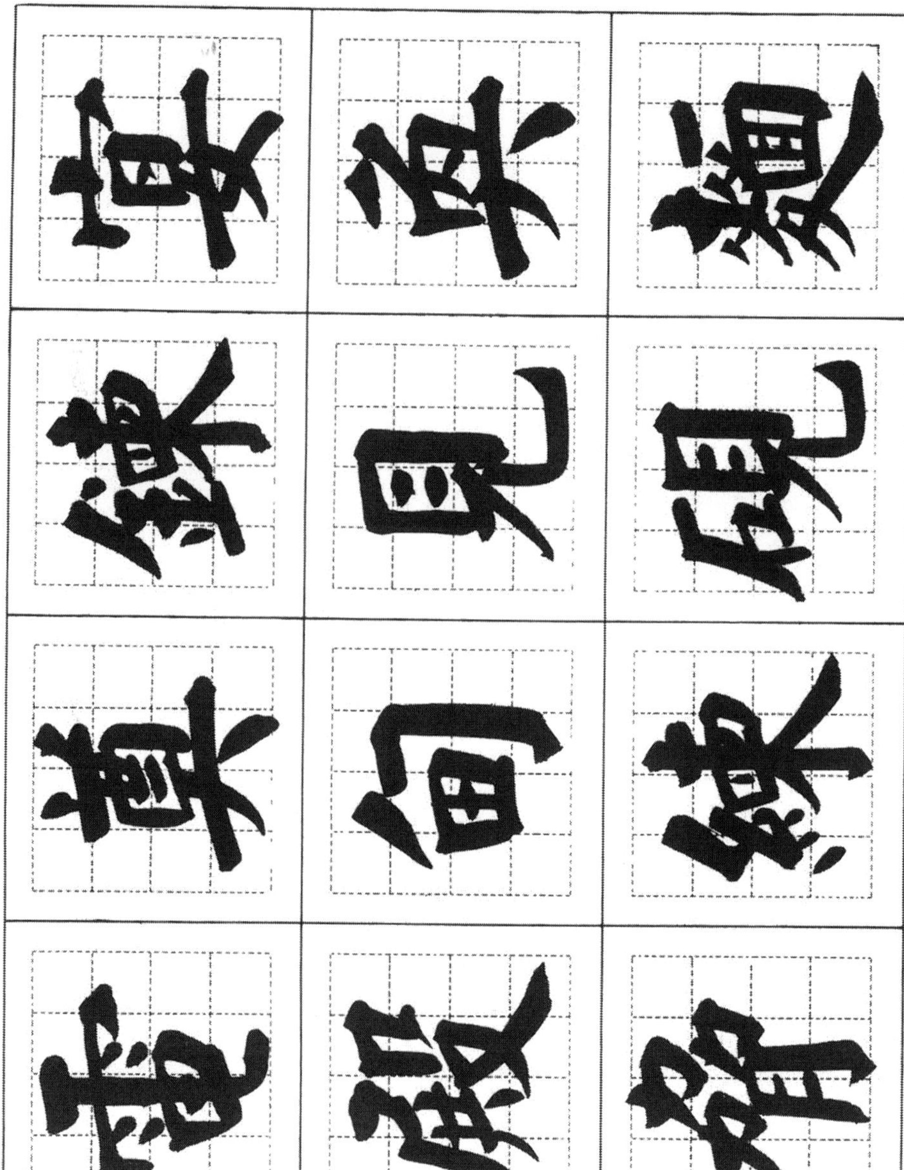

絹媛院
彥膳諺
綫戰繕
片荐線

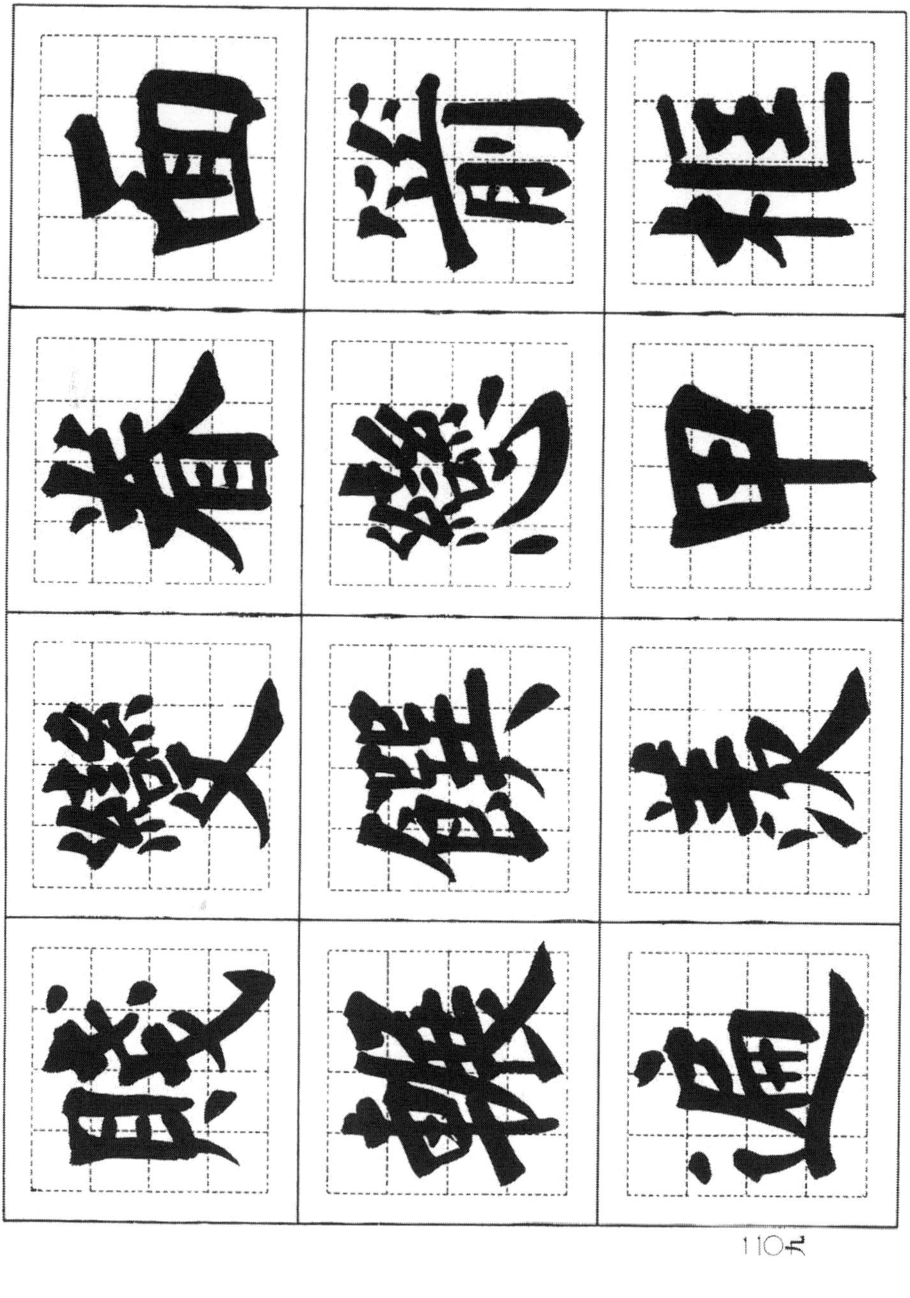

錢	釣	竅	肖
嘯	叫	套	照
弔	尿	笑	耀

爆	炮	導	告
貌	號	盜	裱
鬧	号	到	傲

帽 暴 輿 箇

澳 冒 靠 瀑

造 報 竈 個

插	洽	駕	賀
餓	貨	嫁	佐
蚵	押	架	邏

射 卸 匣

俠 藉 夜

乍 謝 暇

價 亞 嚇

災	峽	霸	化
蕉	赦	怕	靶
借	麝	灞	蝶

恙	狀	暢	綢
亮	向	釀	尚
讓	帳	匠	瘴

浪	鏡	命	壯
敬	競	病	唱
曠	慶	孟	醬

柄	勁	鄭	性
泳	政	姓	鈞
硬	聖	淨	徑

定	證	鄧	灸
錠	賸	又	救
罄	秤	凸	宙

富畜溜

舊瘦皺

臭袖咒

祐畫獸

複	授	候	秀
柚	貼	後	繡
售	覆	燮	就

奏透媾
鬥鬭嗽
戊仆豆
寇茂貿

鑵 墊 陷

念 店 殮

厭 驗 峨

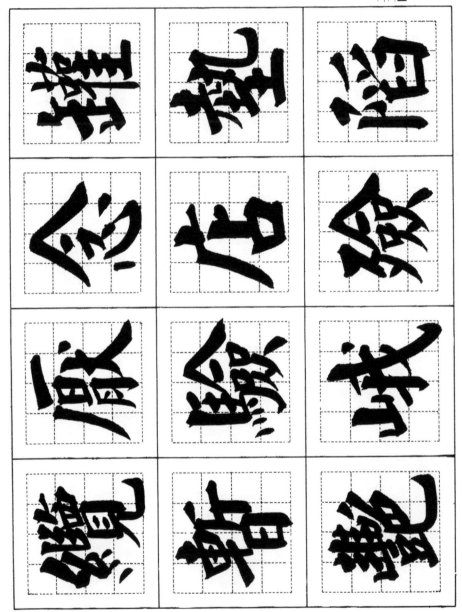

纜 暫 豔

站 屋 穀 啄

鑑 獨 谷 竺

欠 讀 哭 速

僕	瀑	角	鹿
木	樸	族	祿
腹	卜	鑿	濼

沐	復	六	菊
福	服	陸	育
伏	縮	逐	熟

掬	粥	祝	築
淑	鞠	蓄	郁
毓	叔	竹	肅

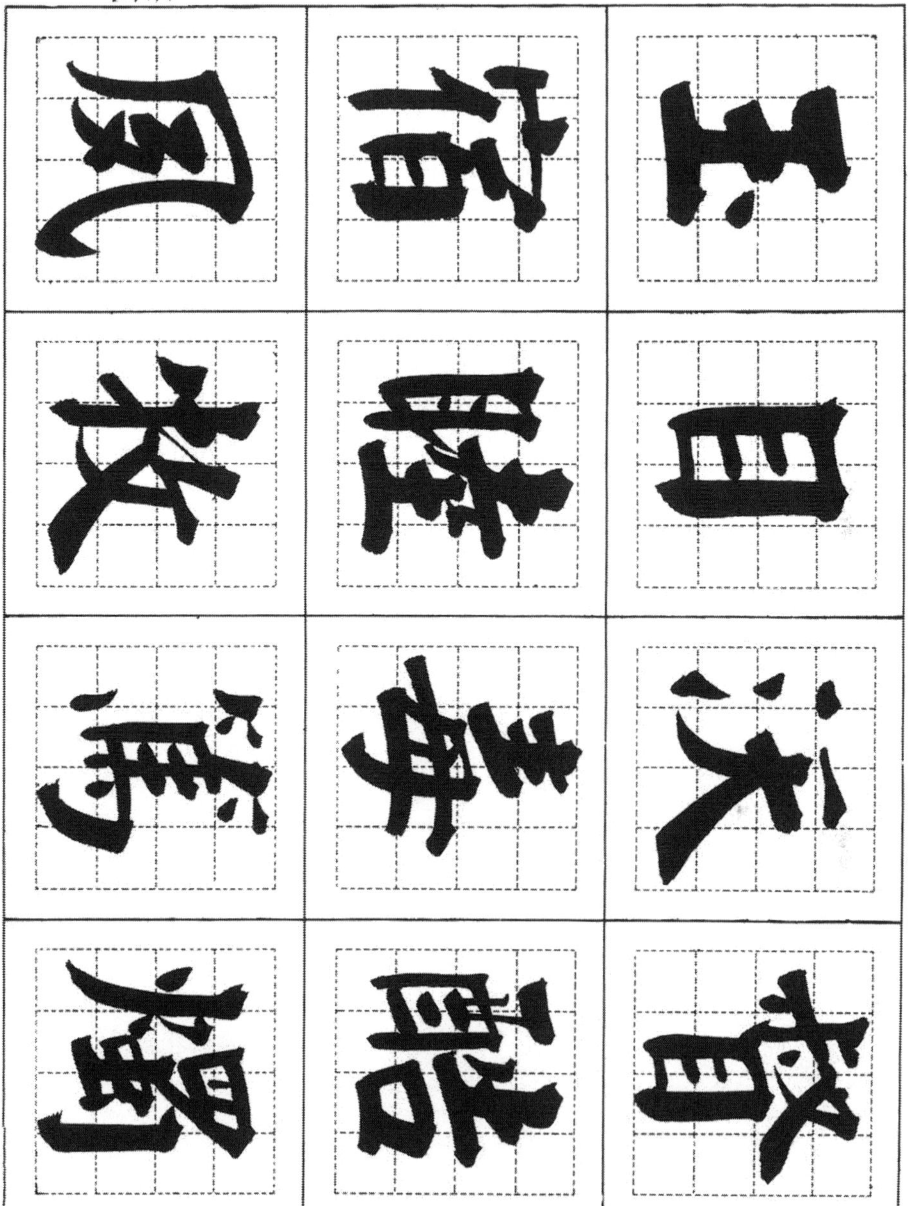

屬	局	束	錄
獄	蜀	浴	曲
旭	辱	欲	足

贖	俗	嶽	朔
促	粟	岳	琢
續	覺	捉	卓

桌	葯	日	姪
剎	學	實	悉
確	質	秋	膝

室	漆	壹	一
失	逸	七	柒
蜜	疾	匹	吉

律出橘
筆術述
密藻乙
畢必王

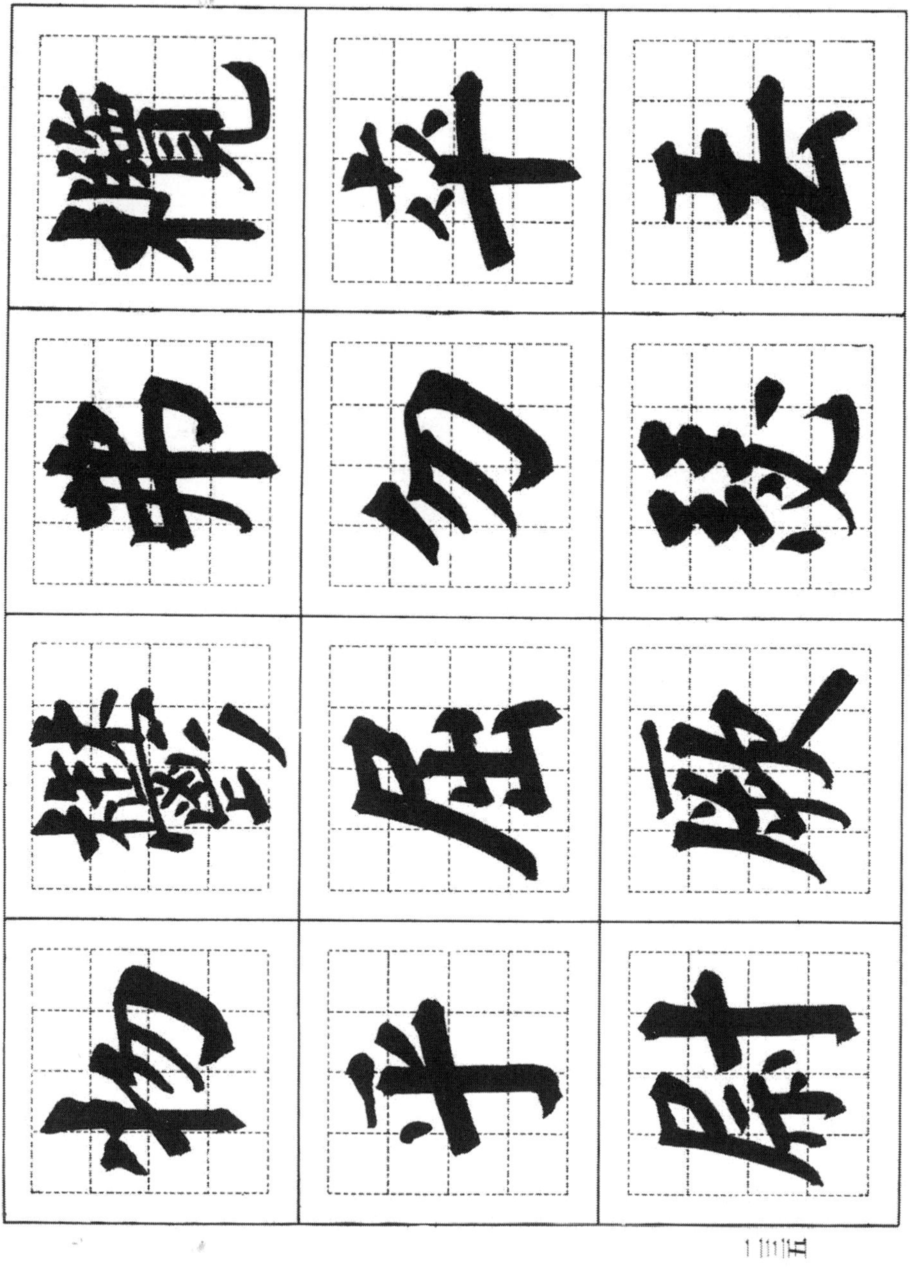

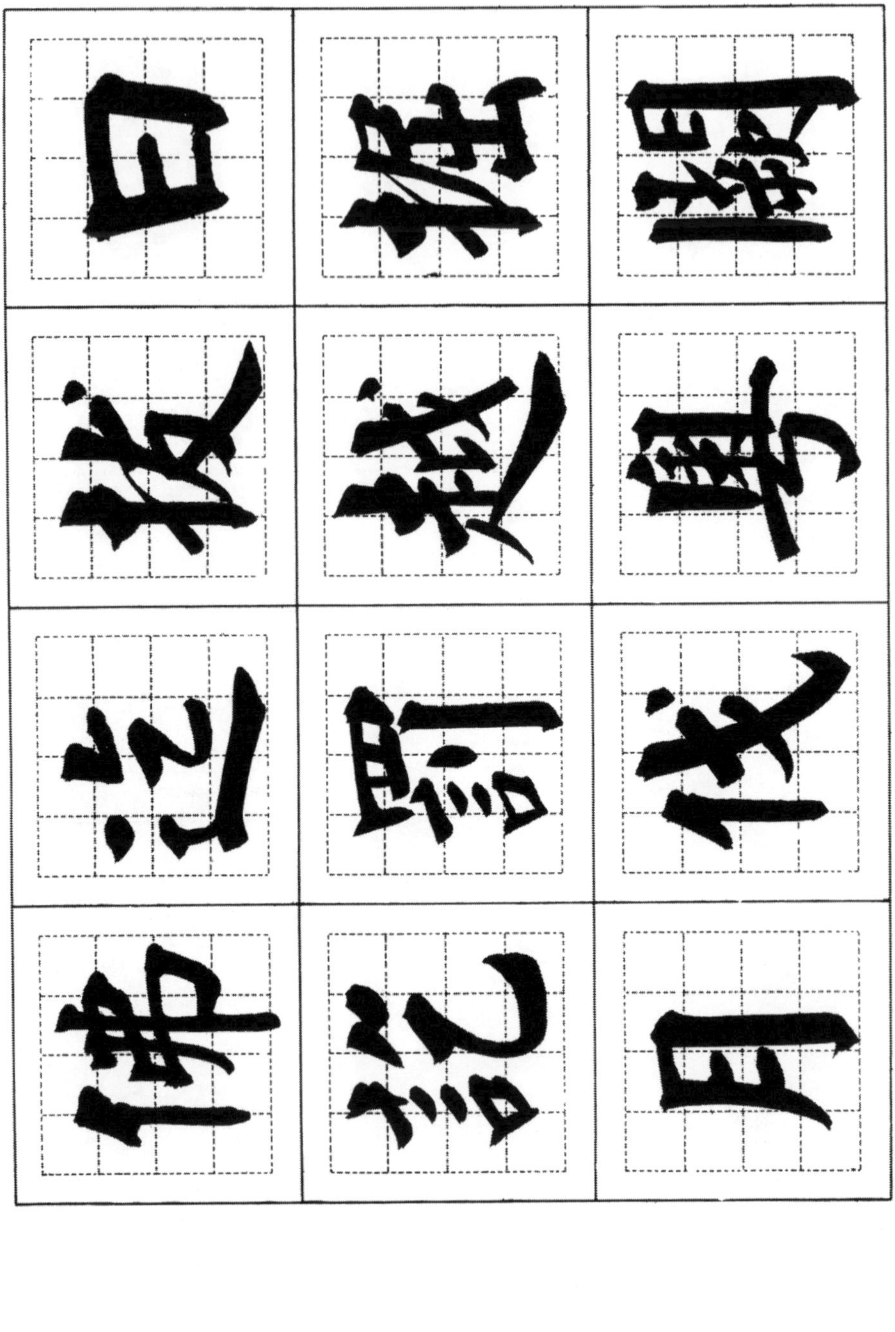

髮	發	没	歿
襪	歇	骨	滑
謁	竭	勃	突

忽	達	末	活
兀	薛	撥	闊
窟	薩	檜	奪

脱	八	煞	舌
豁	察	瞎	刷
撮	殺	刮	切

竊	節	鈌	跌
結	血	穴	鐵
潔	決	耋	鉄

頁	褻	烈	傑
抗	劾	裂	渴
贏	丞	哲	杰

折	揭	説	劣
熱	雪	拙	別
淅	絶	暈	澈

徹	設	藥	弱
冊	略	酌	約
子	脚	若	削

雀	短	幕	絡
縛	鐸	漠	樂
著	姪	落	託

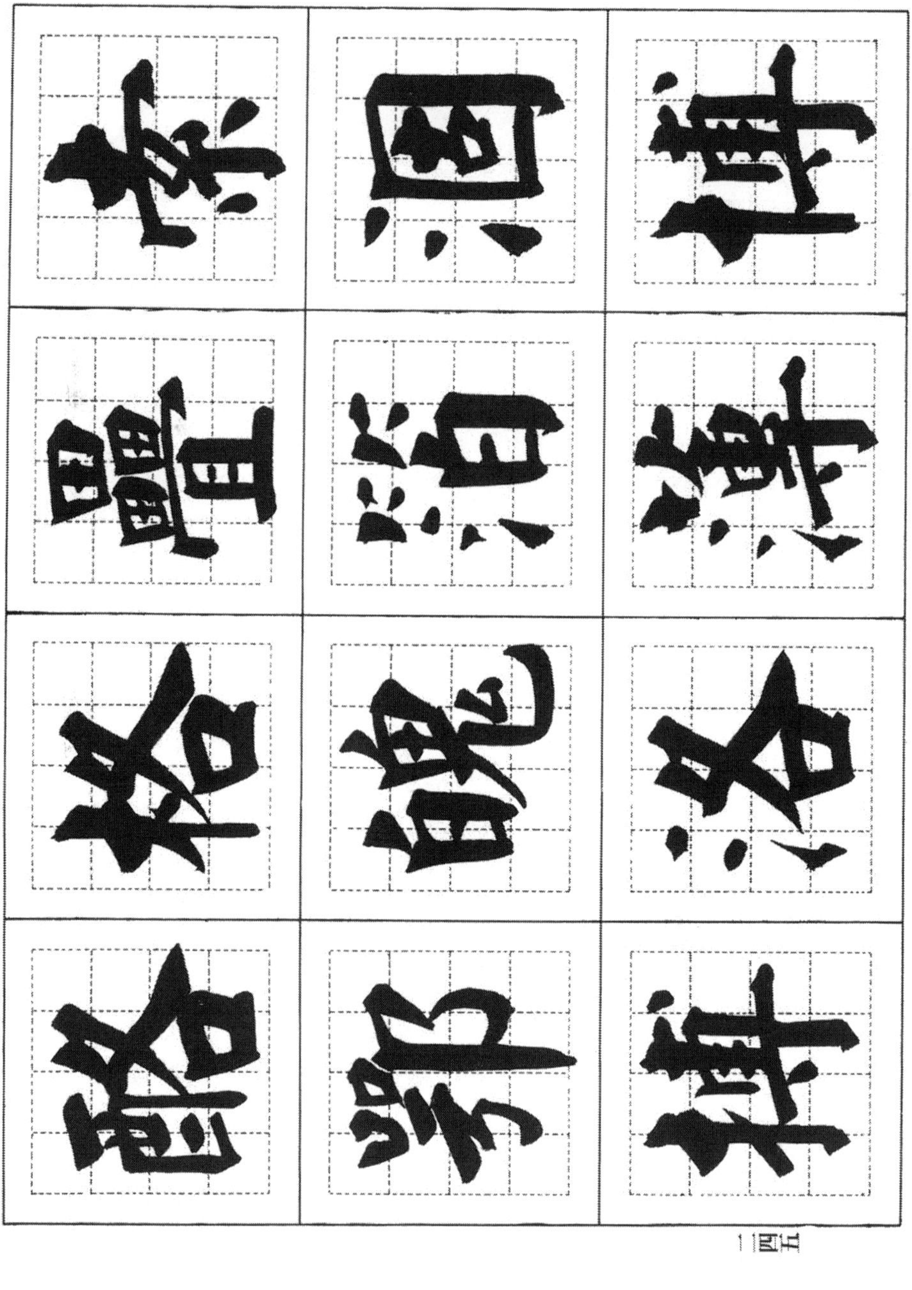

迫戟額

白柏帛

諾霍郭

鶴挾昨

客擇獲劃
珀麥鈕責
宅脈瑪策

亦
譯
石
釋
人
建

激擊歷

碧錫析

役壁汐

席夕疫

癖	滴	敵	廸
曆	荻	笛	績
的	滌	狄	勣

曄飭陟職直力估壁戚喫溺覓

毯 蝕 醱 匿

食 殖 飾 億

息 式 極 抑

德勒則

仄側得

稷逼域

色翼即

國 緝 十

塊 墨 北

黑 默 賦

克 刻 特

什	汁	集	揖
拾	習	輯	濕
執	襲	廿	涇

笈	給	澀	合
立	笠	吸	鴿
急	級	邑	盒

及	答	雜	衲
泣	卌	匝	盍
閣	踏	拉	臘

臘	塔	葉	楫
蠟	閘	接	攝
榻	鉀	睫	涉

妾	靨	協	輒
帖	耻	叶	頰
刼	乏	狎	凹

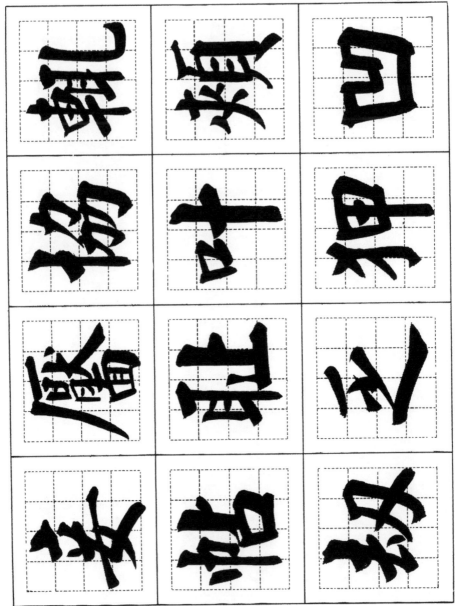

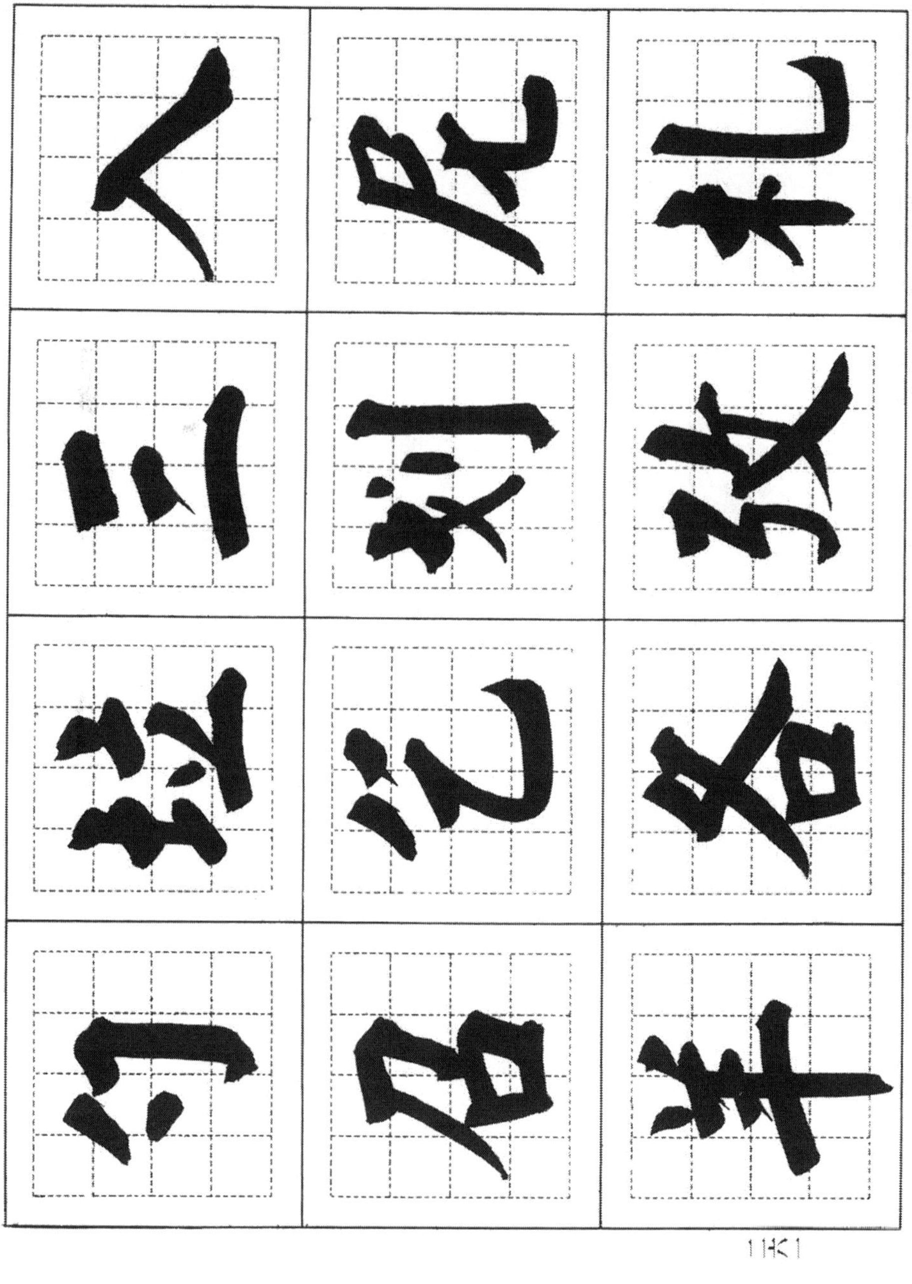

忙	奶	圾	邵
托	灼	卹	拂
孕	朴	担	可

加	考	吋	吊
肉	百	另	伙
肌	阡	庄	夹

或	靄	罕	伊
抹	妊	泛	佇
疔	忘	汰	剎

拆	放	枚	矽
拍	柿	疝	芥
拖	歧	枇	牀

玩	炒	沸	沼
疚	沿	軋	妹
沽	垢	忌	怎

沫	咳	芭	韋
厘	陀	胚	砌
哈	芷	虐	祖

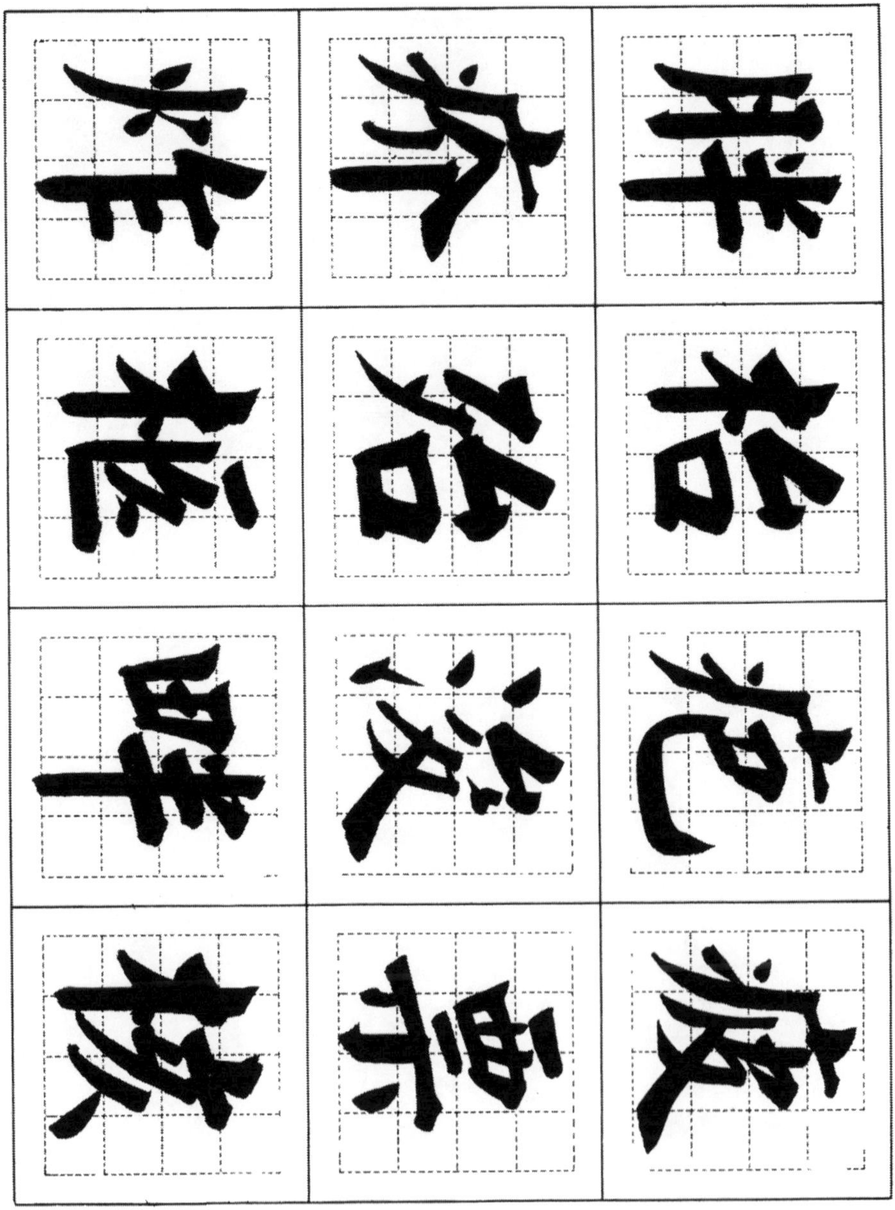

赶	耗	耘	砲
妨	耽	紝	盃
衷	秣	破	痂

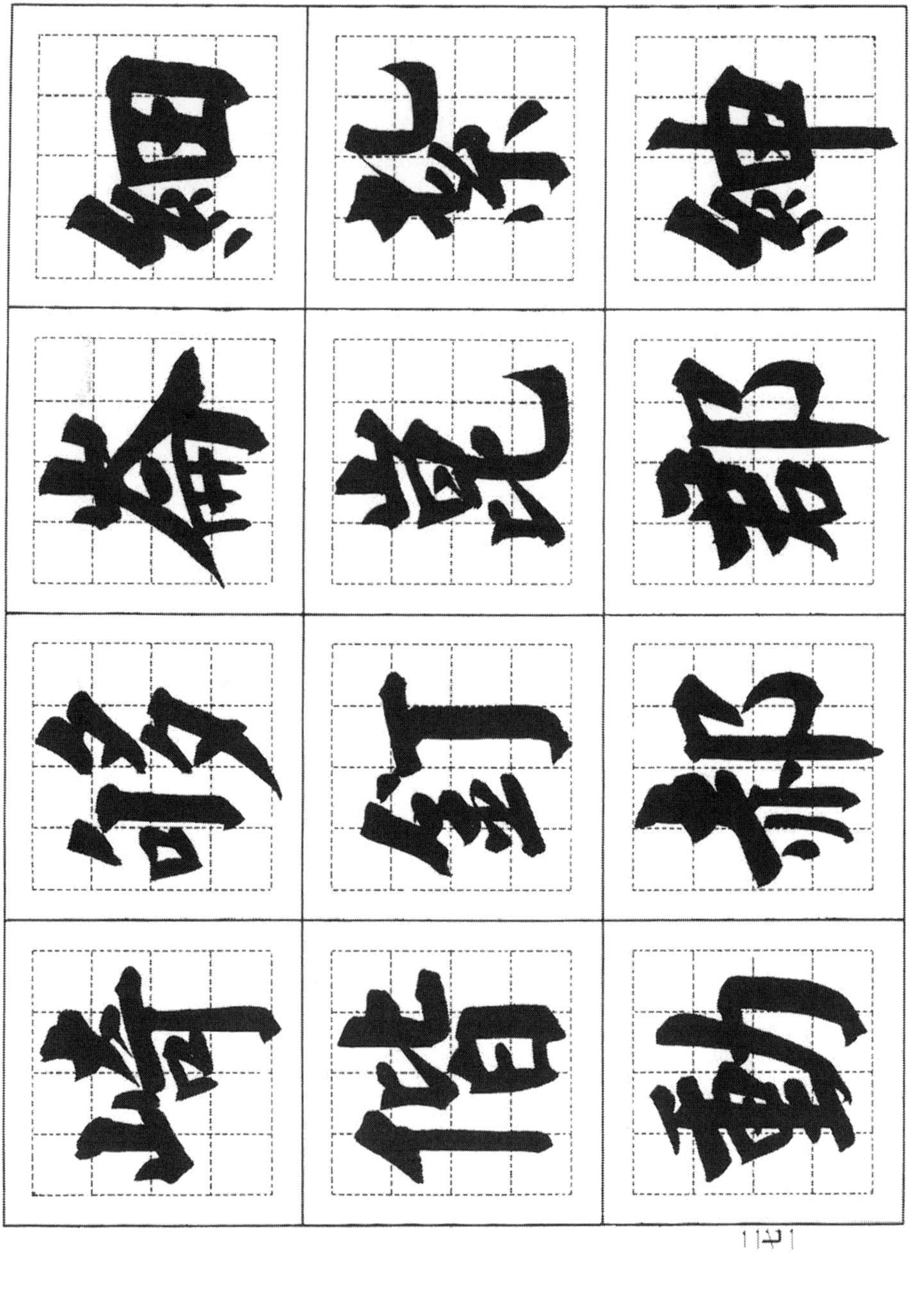

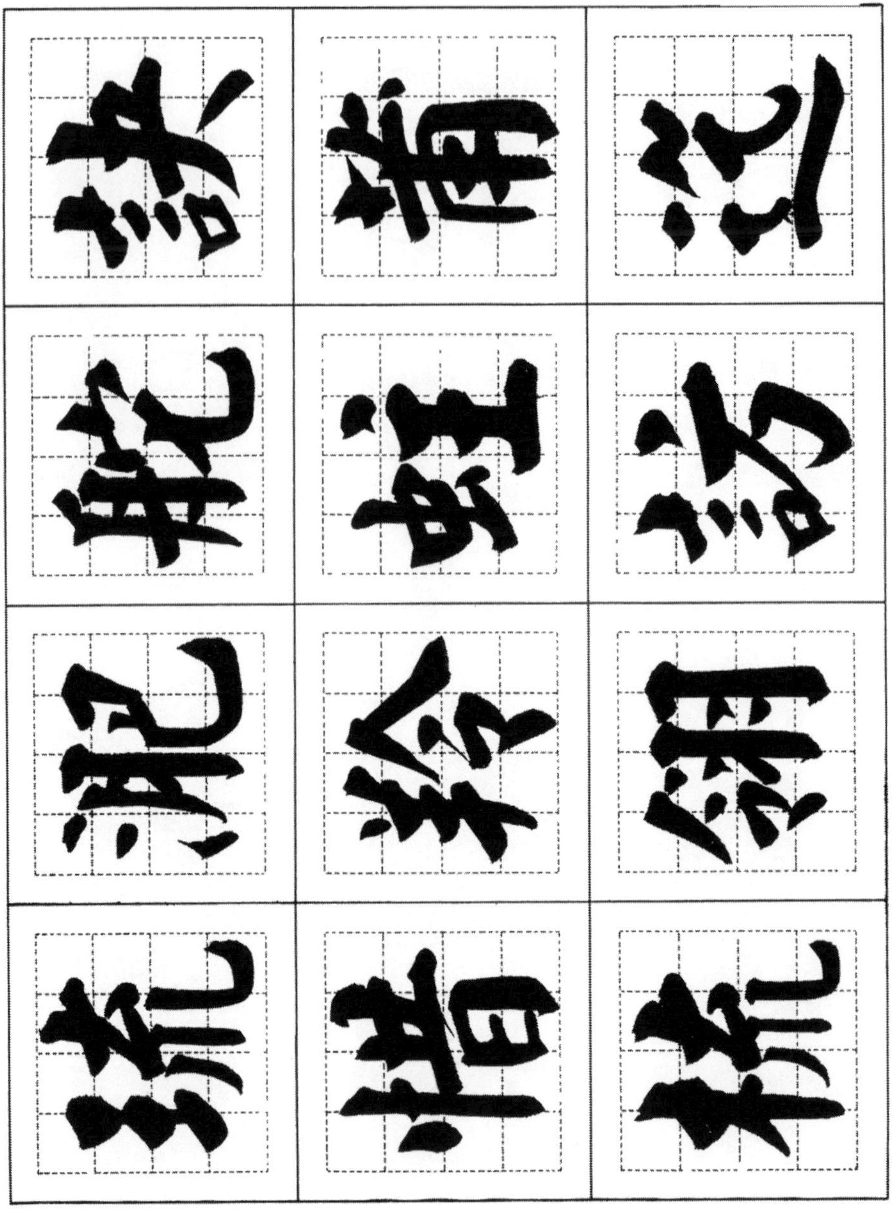

舶	釧	啡	琦
訟	酗	甯	棺
豚	陪	琳	琵

測 皂 敞 割

最 媚 剩 嫌

揀 廂 喝 慌

愧	焙	菁	煌
酢	痘	溢	煉
茶	衽	溯	爺

汞補詼瑚葛裙碗聘腺献猿瑶

詹 躲 孵 慢

駱 鈾 鉑 推

賃 靴 卧 斩

戮	嘴	瘧	熨
噌	颱	磁	瑾
劍	飽	璋	潦

潘	樞	撲	鴣
潑	樣	概	鴨
毅	歎	璣	塵

樑 蕃 鮑 壑

磬 諦 蕙 嶼

穆 閣 蘿 蹤

噴麵餉
繳檀壟
樹澡樺
濁濂橡

餃	霉	踢	蔓
駐	銳	輛	蔔
閱	鋁	締	蔚

蔬	賠	蝴	褓
蝦	路	誰	擦
衝	踪	刹	檀

磯	總	賺	襄
癌	義	薦	檯
糙	謠	檬	擺

黛	餡	趨	爵
鎂	鍰	購	襍
闌	輿	濾	壢

鍛	寵	譚	竇
蹤	贊	鶉	瀟
馥	瀝	懺	籍

籌	薺	衢	鑒
釐	籐	鑄	囑
瞿	躍	鬚	驛

吃	互	冈	卞
圭	奶	叭	交
宅	个	安	丰

冲	佣	吹	坊
光	找	困	批
吵	拓	姊	芽

坦	拌	拘	洇
芹	秒	耐	咪
奕	娃	挖	苔

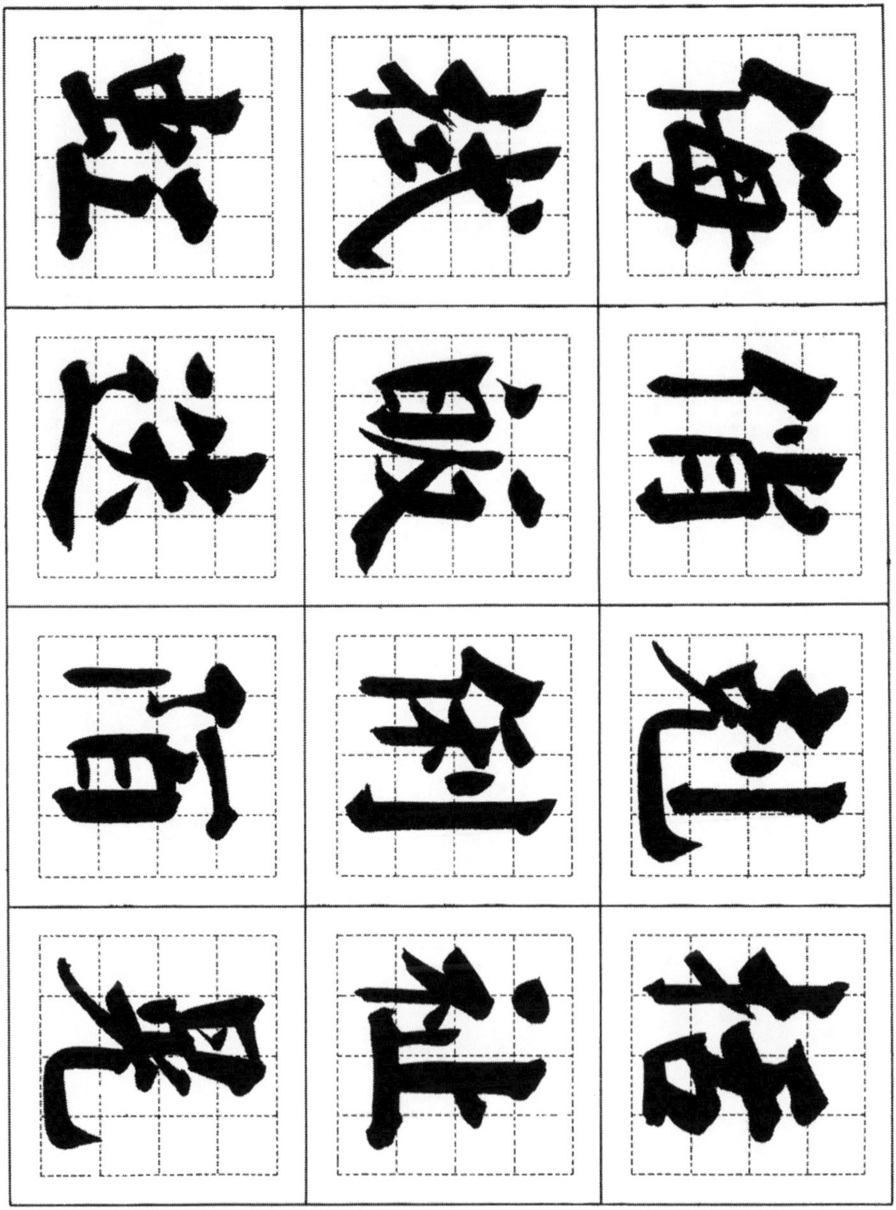

航	拿	併	埔
晒	氧	烤	祠
窄	腆	退	倆

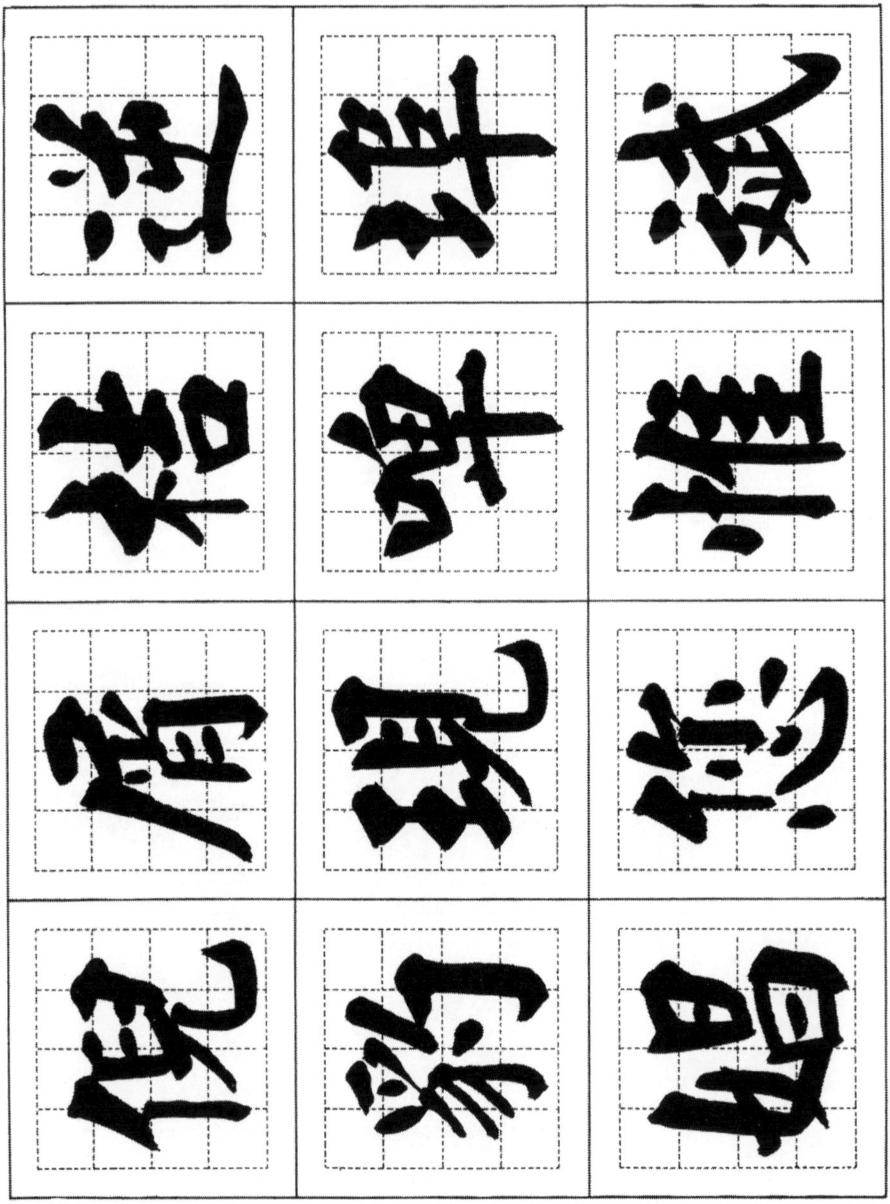

欵	氬	研	粒
荸	這	唾	棹
掠	楝	標	殼

奢	媒	强	握
氯	氮	渣	猴
釉	猶	琛	菱

痙	硫	程	萎
蛙	蛔	週	鈍
鈣	隅	罩	傢

惰痳腫

徧業群

喇楨葷

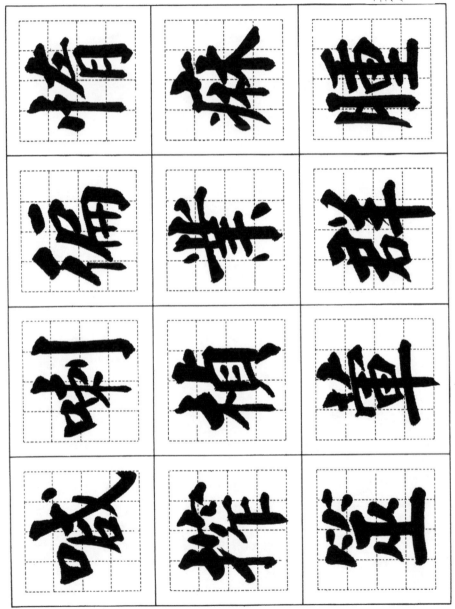

喊搾筮

賂	聨	較	遊
鉅	雎	鈍	馳
暄	僂	傻	剿

劇	嗅	巢	愷
梭	滄	瑛	稟
钧	頑	僱	碳

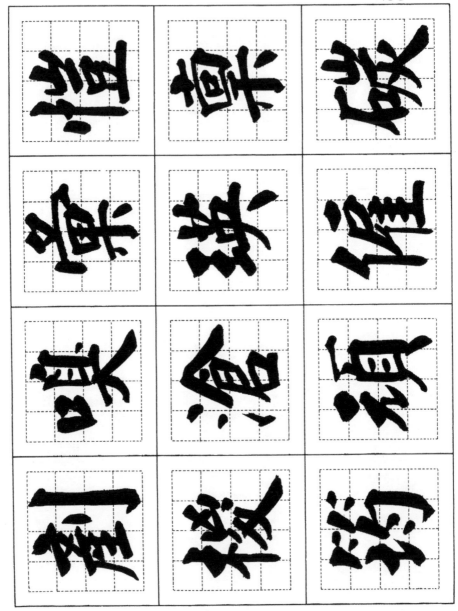

種	窩	箏	赫
趕	輓	辣	遣
酵	鼻	綠	榘

嘔	寨	幛	慷
慨	摸	摔	碩
箕	麼	隨	磅

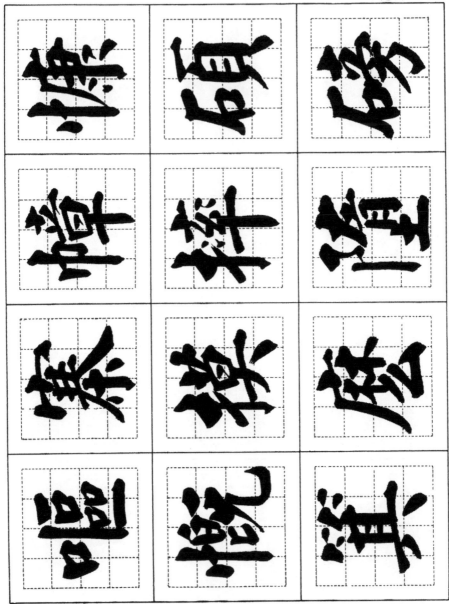

碾 稿 緘 緞

鋪 蘇 賬 鋤

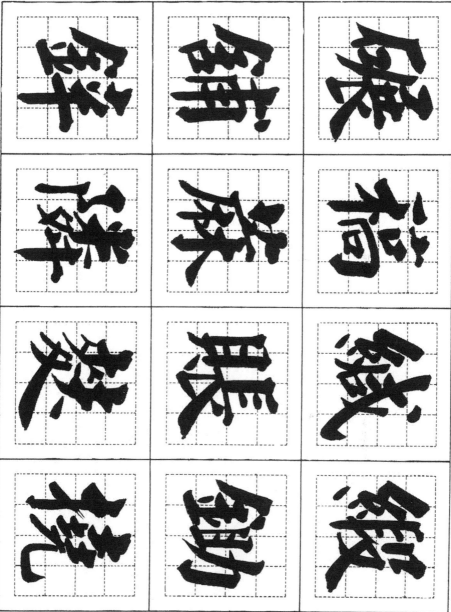

鋅 隣 熱 撓

撒	毆	緬	蝨
劑	噪	館	錶
鋸	寰	遲	錘

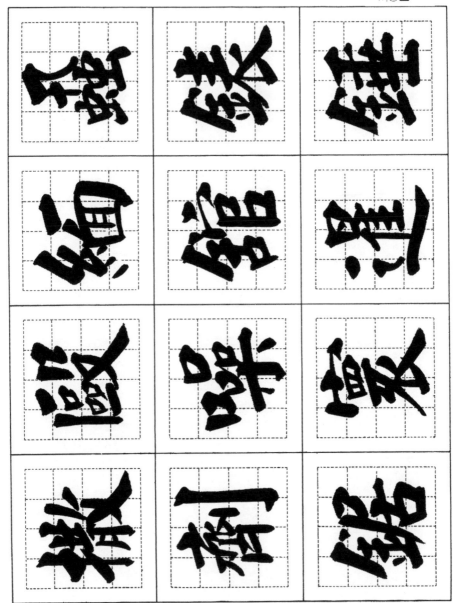

錕	獮	錳	檢
蟑	謊	蹈	鐵
錨	闆	壕	闖

撤	簽	藩	霸
贈	轎	醮	鏢
餻	騙	鵲	懶

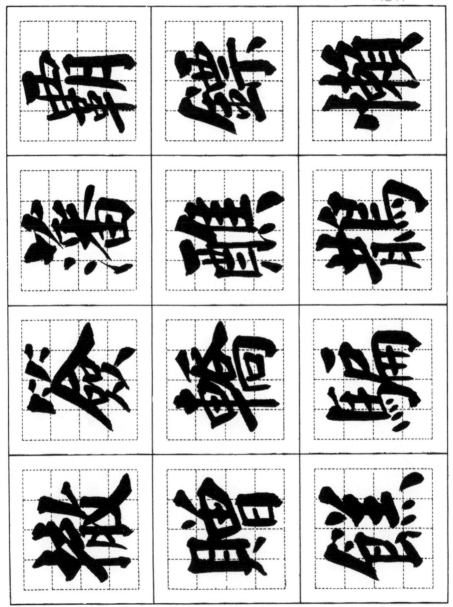

曝 疇 糯 糰

攔 礪 臟 贓

饑 囍 巍 龔

年	鱷	鑰	壩
月	民	鱔	鰻
日	國	欖	鷓

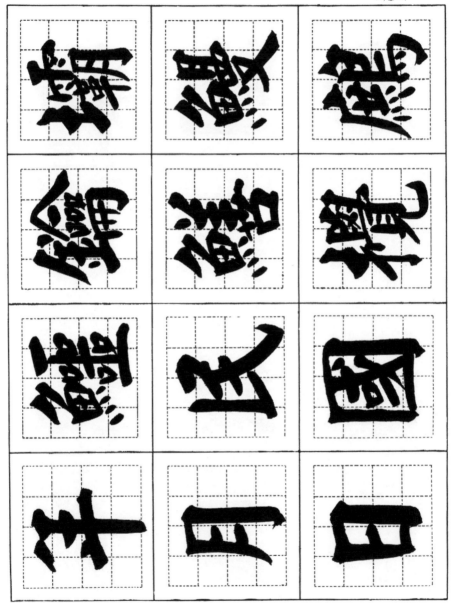